L'Algérie révoltée

Entre impasse et espoir de changement

Histoire et Perspectives méditerranéennes
Collection dirigée par Jean-Paul Chagnollaud

Dans le cadre de cette collection, créée en 1985, les Éditions L'Harmattan se proposent de publier un ensemble de travaux concernant le monde méditerranéen des origines à nos jours.

Déjà parus

Hocine MALTI, *Chroniques des années Bouteflika, (1999-2010)*, 2021
Jacques IZOULET, *Des chrétiens en Afrique du Nord (1945-1962)*, 2021.
Mustapha CHOUIKI, *La symbolique urbaine. Quelle mondialisation pour la ville maghrébine ?*, 2020.
Jacques POUS, *Henry Dunant, colon affairiste pionnier du sionisme*, 2020.
Fouad KEMACHE, *La nouvelle Algérie au défi de se transformer*, 2020.
Mohamed HARAKAT (dir.), *Etudes d'impact et politiques publiques au Maroc*, 2020.
Sofiane BOUHDIBA, *De Carthage à Lampedusa, La migration en Tunisie,* 2020.
Mohand AÏT AHMED, *La Grande Kabylie, Arabisation coloniale et histoire fragmentaire,* 2019.
Mehenni AKBAL, *Archives algériennes de la France coloniale, Réflexion sur la valeur de l'administration communale,* 2019.
Tahar KHALFOUNE (dir.), *Mélanges en l'honneur de l'historien Gilbert Meynier*, 2019.
Sofiane BOUHDIBA, *Jeunes de Tunisie*, 2019.
Chérifa SIDER, *Traumatisme psychologique et suicide en Algérie*, 2018.
Hassan BANHAKEIA, *La littérature de voyage en Afrique du Nord*, 2018.
Gibson NCUBE, *La sexualité queer au Maghreb à travers la littérature*, 2018.
Jacques BINOCHE, *L'Algérie et sa représentation parlementaire, 1848-1962*, 2018.

Kamal Guerroua

L'Algérie révoltée

Entre impasse et espoir de changement

Préface de
Zehira Houfani Berfas

L'Harmattan

Du même auteur :

Les Voix qui chantent, Edilivre A paris, 2012.
Le Souffle du printemps, Des Marches Le cailloutis, Clichy-la-Garenne, 2012.
Exil Nostalgie, Ressouvenances, Villers-Cotterêts, 2017.
Hymne à l'espérance, L'Harmattan, Paris, 2017.
Journal d'un hittiste, Ressouvenances, Villers-Cotterêts, 2018.
Le Chant des sirènes, L'Harmattan, Paris, 2019.

Ouvrage collectif

L'Algérie, De Toufik à l'Etat ruiné, ce qui nous attend en 2016-2017, sous la direction de Mohamed Benchicou, Marguerite, 2016.

5-7, rue de l'École-Polytechnique, 75005 Paris

http://www.editions-harmattan.fr

ISBN : 978-2-343-22540-1
EAN : 9782343225401

À ma mère, la lumière de mon existence
À l'Algérie, la source de mes espérances...

« Il pleut sur ma patrie, la mort et la légende
Il suffit d'un épi pour que chantent les blés
Il suffit d'un moment pour que la nuit descende
Et aussi d'un moment pour que le jour soit né.»

Malek Haddad, *in* *Le malheur en danger*

Préface

Par *Zehira Houfani Berfas*[1]

Tenir une chronique sur l'état de sa société et de son pays, exige d'un auteur non seulement une connaissance approfondie de son sujet, mais également une proximité sociale et géographique qui l'enchaîne aux siens dans le meilleur et le pire.

Pour endosser cette vérité qu'il fait sienne, Kamal Guerroua la greffe à l'expérience de deux grands écrivains algériens Kateb Yacine et Mohamed Dib, en écrivant : « qu'ils n'auraient pu atteindre l'universalité s'ils ne s'étaient pas imprégnés, dès le départ de leur aventure littéraire, des douleurs de leur peuple, ses cris, ses souffrances, ses misères, ses luttes, ses idéaux. » Sur le même registre, à savoir l'ancrage des élites dans leur société, l'auteur cite l'expérience du grand dramaturge espagnol Federico García Lorca qui, au lendemain de la dictature, « a engagé sa célèbre troupe théâtrale "La Barraca" dans une mission pédagogique et bénévole au profit des différentes franges de la société espagnole ».

---

[1] Productrice d'émissions littéraires pour la radio algérienne et collaboratrice de presse dans les années 1980, Zehira Houfani Berfas est universitaire, romancière et essayiste installée à partir de 1994 au Canada. Parmi ses ouvrages Le portrait du disparu (1986), L'incomprise (1989), La honte se vit seule (2016).

Le parallèle est ainsi établi avec le théâtre engagé de Kateb Yacine dans son rôle d'« université populaire ».

Ces quelques référents d'envergure renseignent sur la nature du message que l'auteur veut transmettre au lecteur à travers ses réflexions et ses prises de positions, on ne peut plus claires, notamment sur l'impératif de l'engagement des élites dans la réalité quotidienne de leur société. Il va de soi que le propos de Kamal Guerroua vise les élites algériennes et peu de gens oseraient le contredire devant l'effacement déconcertant de celles-ci du champ politique, abandonnant leur société à la déliquescence, à la résignation et aux abus du pouvoir autoritaire qui l'étouffent. L'image que donne l'auteur de la réalité algérienne est explicite de l'ampleur des dégâts sur un pays quand ses élites lui tournent le dos.

Si la révolte est perceptible tout en filigrane de l'ouvrage, c'est avant tout le cri du cœur que l'on retient du travail de ce jeune intellectuel en faveur d'une Algérie en « panne d'idées, de projets et de perspectives » écrit-il, ou plutôt s'indigne-t-il avec force et conviction.

Dans une écriture accessible et fouillée, l'auteur, soucieux de clarifier les enjeux de développement et les défis à relever pour sauver l'avenir de son pays, s'emploie à identifier minutieusement, chronique après chronique, les multiples causes du malaise endémique qui ronge son peuple, le rendant adepte de la résignation et imperméable au progrès et à l'accomplissement de soi.

Autant par la variété des sujets traités, leur rythme de composition et leur pertinence, les textes qui composent cet ouvrage illustrent fort bien la relation fusionnelle qu'entretient l'auteur avec sa société, et ce dans ses différentes facettes, qu'il présente ainsi : « l'Algérie du dehors et celle du dedans, l'Algérie apparente et l'Algérie cachée, l'Algérie des officiels et celle des déshérités, l'Algérie factice et l'Algérie réelle. » Il n'y a aucun doute qu'en lisant « L'Algérie révoltée », le lecteur sera instruit d'une foule considérable d'informations sur les différents fléaux qui bloquent le développement véritable de la patrie ainsi que sur l'état d'esprit des Algériens, majoritairement absents, démissionnaires de la gestion de leurs affaires.

Si la plume acérée de Kamal Guerroua n'épargne pas les intellectuels démissionnaires, les acteurs fantômes de la société civile, il ne fait pas dans l'allusion ou le mystère quand il s'adresse aux autorités politiques, premières responsables des différentes crises qui minent le bien-être collectif et hypothèquent l'avenir du peuple. Il leur fait porter le blâme des mauvaises décisions, qui se sont soldées par une économie de rente corruptrice et abrutissante, avec des conséquences désastreuses autant sur les comportements anarchiques qu'elle génère, que sur les richesses du pays dilapidées dans une indifférence collective qui frise l'insolence.

« L'Algérie révoltée » est un ouvrage à lire pour comprendre, réfléchir et agir sur les tenants et les aboutissants de toutes ces petites ignorances, négligences, inconsciences et irresponsabilités de tout un chacun, qui au final, participent du malaise collectif.

De prime abord, on adhérera à l'esprit de révolte frémissant à travers les pages de cet ouvrage, à fortiori si on fait partie de la jeunesse, cette frange composée de plus de 50 % de la population et qui, peinant à se projeter dans son pays, finit hélas par glisser dans les mailles captives du rêve de l'exil. Bien que Guerroua soit solidaire de cette jeunesse largement marginalisée par les gouvernements successifs, incapables de se mettre au diapason de leur pays, il n'en est pas moins contrarié par son exil de plus en plus massif et l'enjoint, dans ses pages, à revendiquer avec force et détermination la place qui lui revient dans son propre pays.

Il est clair que Kamal Guerroua est un auteur engagé qui porte un regard critique sur sa société. Sa vision de la citoyenneté contraste avec l'incivisme ambiant qui a pris d'assaut les esprits dans les villes et les villages d'Algérie. Cela étant, le lecteur se rendra vite compte que l'intention n'est pas de dénigrer la société, mais plutôt de l'aider à déchiffrer ses contradictions et ses incohérences, afin de se libérer des interdits et autres tabous qui n'ont de sens que dans son aliénation, et sa soumission à de faux leaders aux motivations égoïstes, et bien souvent, contraires à l'intérêt général. D'un bout à l'autre de l'ouvrage, c'est en fait l'Algérie qui parle au lecteur. Car, « raconter sa patrie, c'est se raconter », avertit l'auteur dans l'avant-propos. Et quand l'Algérie se raconte, il y a certes des chapitres de blessures et de larmes, de forfaitures et de trahisons, d'injustices et de corruption, mais il y a aussi des chapitres glorieux, l'épopée de sa révolution, les faits d'armes qui l'ont grandi dans l'histoire, et bien sûr ses splendeurs, ses richesses humaines et matérielles qui dessinent l'avenir aux couleurs de l'espoir.

Au final, « L'Algérie révoltée » n'est pas un livre pessimiste sur l'Algérie, bien au contraire, car au-delà de l'amertume du constat, on y trouve nombre d'actes à poser, de mesures à mettre en place, de décisions à prendre et surtout d'attitudes à adopter par tout un chacun pour qu'advienne l'État de droit. « Retroussons nos manches et défrichons nos cerveaux !», décrète alors l'écrivain à la fin, sous forme d'injonction, convaincu que la solution aux problèmes de l'Algérie est entre les mains des Algériens.

Z.H.B
Montréal, le 12 juillet 2019

Avant-propos

Pourquoi l'Algérie régresse-t-elle ? Pourquoi ses élites sont-elles incapables de garantir à la jeunesse un avenir digne et prospère ? Enfin, pourquoi ces dernières ont-elles peur de remédier, pour reprendre l'excellente expression de l'anthropologue Gilbert Grandguillaume[2], à « la violence d'une société sans loi pour se structurer ; sans repère auquel s'identifier, une société déniée en soi, méprisée, trompée en permanence sur ce qu'elle est, sur ce qu'elle sent être : une société qui n'arrive pas à exister telle qu'elle est définie officiellement parce qu'une vérité sur elle-même lui est constamment refusée ? » [1]

Aussi sommaires soient-elles, toutes ces questions-là et bien d'autres, font l'objet d'analyse dans ce texte.

Cet ouvrage est avant tout un cri d'espoir pour une Algérie nouvelle. Il revient sur les origines du malaise de tout un peuple, longtemps dessaisi de son droit légitime de décider de son sort. Mon défi n'est pas tant de raconter l'ambiance du Hirak populaire du 22 février 2019, que de sonder, sous plusieurs facettes, les raisons l'ayant provoqué. Autrement dit, j'ai essayé, tout en m'éloignant autant que possible des sentiers battus, de mettre en relief tous les ingrédients de la déliquescence algérienne, par le biais d'une série de chroniques,—*une soixantaine environ*—(révisées et annotées), publiées entre janvier 2016 et mai 2019, dans le journal Le Quotidien

---

[2]Gilbert Grandguillaume, Mohamed Benrabah, Nabil Fares, et al, *Les violences en Algérie*, Paris : Editions Odile Jacob, Coll, "Opus", 1998.

d'Oran, et le site Le Matin d'Algérie.[3] Ces chroniques-là portent toutes l'indéfinissable teinte de l'analyse sur fond du récit social. Elles sont traversées tantôt par l'amertume et la révolte, tantôt par une brise d'espoir. Je pense, sur ce point-là, que, parfois, le recours à l'ironie permet de se protéger du fatalisme, né des effets d'une crise multidimensionnelle complexe.

C'est, ma foi, autour d'une table dans la terrasse d'un café à Alger que l'un de mes amis, journaliste de son état, m'a proposé, lors d'une discussion à bâtons rompus, la publication d'un ouvrage sur cette Algérie incomprise, illisible, imperméable et mystérieuse. Une Algérie qui offre au monde un visage des plus contrastés qui soit.

Mes chroniques vont dans le sens de la dynamique optimiste de raconter l'Algérie avec des mots simples, ceux de tout jeune, épris de justice, rêvant de changement et aspirant vivement au renouveau générationnel. Ce qui justifie, peut-être, leur mordant et l'acuité de leur ton. Mon intention n'est guère de culpabiliser qui que ce soit, ni de rejeter la responsabilité de la forfaiture algérienne sur quiconque, mais simplement tenter de comprendre les racines du mal. Si je me suis fixé comme premier objectif de creuser, sous une forme quelque peu pamphlétaire, la chape de plomb de la réalité algérienne, c'est parce que je me sens, en premier lieu, touché en tant qu'Algérien par *« la complexité de nos crises »* : crise de valeurs ; crise morale ;

---

[3] En effet, j'ai changé le titre de quelques chroniques. Comme, j'ai enlevé, dans un souci de cohérence, toutes les répétitions qui pourraient alourdir mon texte.

crise sociale ; crise de mentalités ; crise d'idéaux ; crise politique ; crise économique, etc. Puis, raconter sa patrie, c'est, je suppose, se raconter soi-même ; rentrer dans les profondeurs de son être ; en ressortir et y pénétrer de nouveau. Un exercice de critique-autocritique en va-et-vient, plus que passionnant, n'ayant peut-être pour équivalent que ce *« sport de combat »*, cher au sociologue Pierre Bourdieu.

C'est donc avec beaucoup de joie *—et aussi une certaine appréhension*—que j'ai entrepris le projet de ce livre. Je pense qu'il y a quelque chose d'inéluctable dans mes obsessions à écrire sur mon pays : un sentiment de révolte, un désir de vérité, des rêves de changement, et énormément d'espoirs placés dans cette jeunesse, la nôtre, marginalisée dans tous les domaines de la vie. Bref, c'est une expérience à la fois exaltante et magnifique de me sentir, en me servant des mots, dans la peau de n'importe quel Algérien et d'absorber ses cris de cœur, ses préoccupations, ses inquiétudes, ses attentes, ses aspirations, les yeux projetés de l'intérieur du problème, et non pas de sa périphérie. C'est aussi plus qu'une aubaine pour moi de jouir du statut du *«transfuge temporel »*, me déplaçant, plume à la main, d'une période à l'autre de l'actualité, avec mes ressentis du moment, mon enthousiasme, mes idées, ma vision des choses que de me figer dans une posture idéaliste, distante et froide. « Les jours fuient, dit une célèbre chroniqueuse, par où les saisir ? Sur la peau glissante de l'actualité, se mêlent l'insignifiant et le majeur, parfois indiscernables sur l'instant, les hommes, les choses, les humeurs, les impressions fugitives, les émotions fugaces, la couleur du temps… »

Si mes réflexions se différencient un peu de l'essai proprement dit, il n'en demeure pas moins qu'elles s'en rapprochent par certains aspects : elles piochent dans tous les sens le kaléidoscope d'une Algérie en pleine métamorphose, tombée dans ses propres contradictions. Leur grand avantage, c'est qu'elles démontrent, s'il en est besoin, l'irréductible dissymétrie entre l'Algérie du dehors et celle du dedans, l'Algérie apparente et l'Algérie cachée, l'Algérie des officiels et celle des déshérités, l'Algérie factice et l'Algérie réelle. C'est dans tous ces labyrinthes-là que j'ai situé l'axe principal de mon analyse de la tourmente algérienne, à l'origine du Hirak de 2019.

Introduction

« Qu'est-ce qu'un révolté, Monsieur ? Quand un homme est broyé et qu'il se tait, c'est un individu normal. S'il proteste et réclame son droit, c'est un révolutionnaire ! »

René Char in Le Soleil des eaux, 1949

I- Yetnhaw Gaâ[4] pour mot d'ordre

L'année 2019 fut une escale-phare dans l'histoire algérienne, marquée par le Hirak, un mouvement citoyen d'une grande ampleur, surgi des tripes d'une patrie en dissidence, déterminée à déboulonner pacifiquement le régime Bouteflika et ses symboles.[5] Au petit matin du 22 février, d'énormes foules d'Algériens, toutes tendances confondues, étaient descendues dans la rue, aux cris de : « Non au cinquième mandat de la honte ! », « Y en a marre ! », « Système dégage ! », « vive la démocratie », « Pour une deuxième République »... [6]

---

[4]« Qu'ils dégagent tous ! » Ce slogan du Hirak fut prononcé pour la première fois par Sofiane Bakir Turki, un jeune algérois interrogé par la chaîne Sky Arabia à Alger, le 11 juin 2019.

[5] *Silmiya ! Silmiya !* (pacifique ! pacifique !), scandaient des milliers de manifestants face à des escadrons de CRS lourdement armés. Certains internautes ont osé même écrire, poussés sans doute par leur enthousiasme révolutionnaire excessif, au comité de Stockholm afin qu'il décerne le Prix Nobel de la paix 2019 à la rue algérienne !

[6]En vérité, les premières manifestations du Hirak ont été signalées au départ, le 16 février à Kherrata (à 60 km du chef-lieu de la wilaya – département-Béjaïa en petite Kabylie), puis le lendemain, le 17, à Khenchela dans la région des Aurès.

Le monde entier a assisté, presque dans un état d'étonnement mêlé d'admiration, à l'un des plus pacifiques soulèvements populaires du XXIe siècle, nommé par les siens : « Révolution du sourire ». Si la candidature au cinquième mandat d'un grand malade, en l'occurrence Abdelaziz Bouteflika, fut l'une des raisons de cette mobilisation citoyenne inédite, il n'en reste pas moins que la volonté de changement démocratique qui habitait, depuis longtemps, les Algériens en était l'élément déclencheur. Le peuple a décidé d'écrire tout seul son propre roman national, n'en déplaise à ses élites gérontocratiques, nombrilistes et rentières, en rupture avec ceux qu'elles sont censées représenter. Cela dit, même si Bouteflika avait quitté la scène, le 1 avril suivant[7], soit près de deux mois après le début du mouvement de la protestation, forcé à la sortie aussi bien par la pression des masses que par celle de l'Etat-Major de l'armée[8], la colère populaire n'aurait pas, pour autant, diminué.

Les Algériens qui squattaient la rue chaque mardi et vendredi, reprenant en chœur les mêmes slogans hostiles à leurs dirigeants, comme lors de leur première manifestation, ne croyaient pas trop, semble-t-il, à ce qui s'apparentait plutôt à « un poisson d'avril ». Ils aspiraient à autre chose qu'un simple rafistolage de circonstance, à savoir : une deuxième République, démocratique et citoyenne, construite sur de nouvelles bases, avec la

---

[7]Célian Macé, Algérie : Bouteflika quitte la scène, *Libération*, 1 avril 2019.

[8]Le chef d'Etat-Major Ahmed Gaïd Salah, aurait appelé le même jour à « appliquer les articles 7, 8 et 102 de la Constitution ». Ce qui a accéléré la déclaration de l'état d'empêchement du président Bouteflika à exercer ses fonctions.

participation massive de la jeunesse. En dénonçant les dérives d'un système « hors-service », vieux de plus de cinquante ans, opaque, rentier, corrompu, incapable de faire sa mue, ils voulaient l'instauration d'un Etat de droit qui garantit la séparation des pouvoirs, les libertés individuelles et collectives, le pluralisme. Bref, *«Yetnhaw gaâ »*, est devenu au fil du marathon des manifestations, un cri de ralliement populaire. Le vent en poupe, la vague du *«dégagisme»*, a charrié sur son passage, toutes les frustrations algériennes.

II-Un malaise social profond

Le réveil populaire fut d'autant plus surprenant que, depuis fort longtemps, les Algériens furent incessamment travaillés par deux passions contradictoires : d'un côté, ils sentaient le besoin de tout changer, et de l'autre, ils ne faisaient rien pour y parvenir. Ne pouvant détruire ni l'un ni l'autre de ces instincts contraires, ils se sont toutefois efforcés de les satisfaire tous les deux à la fois, en adoptant le *« Wait and see »* pour attitude. Puis, curieusement, ils se sont consolés d'être placés en tutelle, en pensant qu'ils ont eux-mêmes choisi leurs tuteurs ! C'est ainsi qu'ils ont rendu moins rare leur recours à l'action collective, qu'ils ont réduit leur citoyenneté dans un petit espace qui se dérobait, peu à peu, à toute grille d'analyse, recherchant, en vain, la figure tutélaire du *«zaïm»*, l'homme providentiel, éternel sauveur de la nation, en temps de crise.

L'esprit touché, les miens ont comme perdu alors, en quelque sorte, « le privilège de l'espoir ». Qu'est-ce, en effet, qu'avoir de l'esprit, s'est interrogé un jour Louis

De Broglie, si ce n'est être capable d'établir des rapprochements inattendus qui instruisent, qui mobilisent ? Il se trouve que, chez nous, l'esprit participatif du militantisme, à l'origine de toute mobilisation citoyenne fructueuse, a été presque étouffé dans l'œuf par la dictature. Comme pour compenser, —*ou peut-être conjurer leur désenchantement*—, les Algériens se sont alors détournés de la chose politique. L'Agora de la Cité fut vidé de sa substance et la parole longtemps confisquée, fut comme suspendue aux lèvres de foules de citoyens « assujettis » et désarmés par le syndrome de la désunion. La fragmentation, écrit un chroniqueur algérois, est tellement importante qu'il suffit d'interroger les jeunes d'où qu'ils viennent, et chacun s'identifie à son quartier, sa ville, sa région : je suis de Bab El Oued, je suis de Soustara, je suis de l'Est, de l'Ouest. Personne n'a été instruit de penser qu'il est avant tout Algérien ! Voilà ce qui fut destructeur dans une période de déprime sociale, aussi aiguë que durable comme la nôtre, où les masses se sont retrouvées orphelines d'élites, toutes entraînées, malgré elles, dans une spirale inexorable de *« répétition de l'échec »*. Une spirale qui n'a eu, du reste, d'autre conséquence que le spectre de la désespérance.

Cela dit, cette génération de jeunes sans repères, réduite à la marge, contre elle-même, sans grande possibilité de parler ni de proposer ses choix, n'aurait éprouvé qu'un vide intérieur qui s'est transformé en ressentiments et en colères. Les études ne garantissent plus comme avant un travail, un logement et une stabilité financière pour fonder un foyer et jouir d'une vie conjugale normale. Outre le chômage de masse, celui des diplômés est une réalité à prendre très au sérieux, en

Algérie. [9] Les embarcations de fortune arrêtées, ces derniers temps, par les garde-côtes des deux rives de la Méditerranée ne comportent pas, à ce que l'on sait tous, que des décrochés du système éducatif, mais aussi des jeunes instruits et compétents. Bouillonnant de désespoir, comme d'une rage de revanche sur cette société, la nôtre, qui leur a tourné dédaigneusement le dos, ces malchanceux mettent toute une carrière d'études couronnée, parfois, de diplômes supérieurs à un stade très avancé (Master et Doctorat), mais, hélas, *« sans importance »,* entre parenthèses. Ils sont prêts à griller toutes les frontières, quitte à devenir des harraga ou des sans-papiers en Europe, afin de se frayer un passage vers ce qu'ils considèrent comme leur escale de dernière chance. Le seul tremplin qui permet, à leurs yeux, de partir ailleurs, fuir rentiers, bureaucrates et despotes, obtenir un visa et emprunter, la mort dans l'âme, le chemin de l'exil.

Pour résorber l'humiliation d'être sans emploi dans une société devenue trop individualiste, matérialiste et moins tolérante, ces jeunes-là ont décidé de prendre le large et suivre la vague des partants. Touchés par la détresse de mal vivre leur présent et d'envisager leur futur, ils ont accepté le sacrifice du déchirement, de la rupture et d'el-ghorva (exil). *« Vivons, peut-être, sans*

[9] L'office national des statistiques (O.N.S) parle, en mai 2019, concernant les diplômés, d'un taux de chômage officiel de 27.9%. Un taux relativement élevé par rapport au taux général du chômage 11.7% à la même période. Par surcroît, plus de six chômeurs en moyenne sur dix (62,9%) sont des chômeurs de longue durée. *Cf* : https://www.alternatives-economiques.fr/algerie-chomage-augmente-fortement-chez-jeunes-femmes-1403201988706.html.

bonheur à l'étranger, mais bien loin du mépris des nôtres ! », se disent la plupart d'entre eux, en leur for intérieur, pour donner un peu de crédit à leur aventure à risques. Correcteur, il y a maintenant deux ans, lors du Baccalauréat, un prof de Constantine (l'est du pays) n'a pu rester insensible aux nombreuses marques de dépit, inscrites par une poignée d'élèves-candidats à la marge de leurs feuilles d'examen : *« des cas de détresse*, reconnaît-il, inquiet, qui en disent long sur un malaise social profond et qui méritent une étude sociologique approfondie ! » Mais pourquoi l'Algérie délaisse-t-elle ses propres enfants de cette façon, si ingrate ? Pourquoi ne pense-t-elle pas à leur avenir ? À quand la fin du mépris de la jeunesse ?

J'ai croisé, moi-même, récemment un ingénieur d'une importante société d'hydrocarbures, implantée au grand Sud (le Sahara), dans une cafétéria à Béjaïa (Kabylie) qui, tout joyeux qu'il fût, m'aurait quand même avoué entre deux verres qu'il voulait partir. « Mais où ? », lui répliquai-je, tout étonné, « n'importe où pour peu que je quitte cette roue qui tourne dans le vide ! », lâcha-t-il, dépité. « Ne me dis pas que tu es gangrené, toi aussi, comme tous ces jeunes-là par le virus de l'harga (l'émigration clandestine) ? »[10] « Peut-être que oui ! », me souffla-t-il avant de me jeter un clin d'œil complice. En scrutant bien le regard de mon interlocuteur, j'ai senti comme une étincelle de sincérité jaillir de ses yeux. Et pourtant, me confirma-t-il juste après, « ça paye bien là

[10]L'harga signifie en darija arabe « la brûlure » et désigne l'acte de migrer sans documents (immigration clandestine). Selon nombre de dialectes de l'Afrique du Nord, les prononciations et les translitérations en découlant peuvent varier. On verra ainsi le mot « h'rigue », dans la région de l'Oranie et au Maroc, désigner le même phénomène.

où je bosse, il y a de l'esprit d'équipe, et l'ambiance dans les chantiers d'exploration est plutôt sympathique ! » « Pourquoi alors ? » « C'est comme ça ! » balança-t-il, l'air blasé. Des centaines d'étudiants, de chômeurs, de cadres et d'intellectuels partagent, aujourd'hui, le même état d'esprit : le dégoût et l'ennui dans une société à bout de souffle. Partir est, à ce qu'il paraît, *« la maladie du siècle en Algérie »*.

Écrasée par les frustrations de toutes sortes, le poids des tabous, la trahison des élites, la ritournelle étouffante de la bureaucratie qui trône dans les couloirs des administrations, le reliquat mémoriel traumatisant de la guerre civile (1991-2000), avec ses ombres fantomatiques, la jeunesse algérienne ne fait que ramasser les miettes de l'espoir dans un désert d'illusions. Dans *«les Bienheureux»,* un film de la réalisatrice Sofia Djama ayant reçu le prix de la meilleure interprétation féminine à la section Orizzonti du Festival de Venise en 2017, c'est tout ce vécu de souffrance qui est raconté avec subtilité à travers le récit d'un couple d'anciens militants de la révolte d'octobre 1988. Samir, l'époux, gynécologue de son état, est en instance de divorce avec sa femme, Amal, une professeure d'université complètement désabusée. Pris d'inquiétude quant à l'avenir incertain de son fils unique qui poursuit médiocrement ses études à la fac, le médecin passe, en compagnie de sa femme, le plus clair de son temps, sans crainte d'attraper la cirrhose, à faire le tour des restaurants chics de la capitale et à boire du bon vin de Mascara dans les beaux appartements de ses amis intellos.

Les *« vieux»* n'ont désormais qu'une seule hantise, sorte de rond-point où convergent les rêves de chaque Algérien : tracer à leur fils, coincé dans une Algérie sans rêves dont ils ne supportent guère la dictature, la corruption et l'hypocrisie religieuse, une route vers l'étranger, vers l'exil. Saisissante, l'image du désarroi de ces parents est comparable, en bien des points, au supplice de Tantale, dans la mesure où, appartenant, pourtant, à la classe petite-bourgeoise et disposant de suffisamment de moyens, ils ne sont en mesure d'offrir à leur fils que la solution du départ vers l'inconnu ! Le réalisateur de ce film n'a-t-il pas lu, par hasard, dans la boule de cristal pour tomber là où stagne le cerveau du jeune algérien ? Tous ces horizons bouchés, toutes ces clôtures morales, tous ces espoirs fanés, n'étaient-ils pas les ferments du Hirak 2019 ?

C'est par là aussi que l'intégrisme islamiste était passé. Ce dangereux phénomène s'est comme socialisé, au moment même où, sur la corde raide, le régime, fidèle à sa nature militaro-bureaucratique, semble s'être profondément enlisé dans la corruption. [11] D'autres fléaux collatéraux tels que l'épidémie du matérialisme et l'enrichissement illicite *« banalisé »* ont fait leur intrusion dans le panorama social. En clair, et comme nous le verrons bien dans les chroniques de cet ouvrage, les colères algériennes n'étaient pas venues, toutes seules,

---

[11]En Algérie, comme dans le reste des pays du Sud, l'existence de classes bourgeoises-compradores et bureaucratiques dont les intérêts sont liés à ceux du système capitaliste mondial, représente un facteur de blocage du développement de l'économie nationale. Cette question est cruciale au moment où s'est imposé le passage d'une économie mono-exportatrice d'hydrocarbures à une économie productive et diversifiée.

du néant. Au recul de la culture, de la société et de l'économie s'est greffée la blessure symbolique de la hogra (le mépris), infligée à l'amour-propre de la jeunesse.

Pis, une fois les craintes du chaos générées par le cyclone du *« Printemps arabe »* disparues, les Algériens ont comme *« materné »* tous les fatalismes du monde pour se procurer un faux-justificatif au statu quo. Ebranlés par les séquelles d'une grave crise sociale, ces derniers n'ont pas pu se projeter dans l'avenir. Autrement dit, face à un régime opaque, recroquevillé sur ses fausses certitudes, confiné dans des postures de repli impuissant, sans aucun projet de société clair, et perdant, jour après jour, de sa crédibilité, ils n'ont fait que prendre leur mal en patience. Et, si d'aucuns, une minorité d'entre eux bien sûr, se disaient que l'espoir était peut-être permis, ils déchanteraient rapidement dès qu'ils auraient mis un pied dans une administration publique, ou se seraient confrontés au plus grand parti de la nation : les défaitistes ! Cette défaite morale n'est pas due seulement, comme le pensent certains, au *« Système »* qui a forcé ces Algériens-là à baisser les bras, mais aussi à ces derniers qui refusaient de croire en leur destin et en la société civile, absente sur le terrain des luttes démocratiques. La misère psychologique de la masse, *—le mot est de Sigmund Freud—*, est devenue un syndrome incurable dans la rue algérienne, où l'on ne sentait que le vide dans les discussions, le *«dégoût-age»*, la résignation…

Du nord au sud et de l'est à l'ouest du pays, un même refrain revient en boucle dans les slogans de jeunes désemparés : « y en a marre ! » Les Algériens nourrissaient comme un sentiment d'abandon, de déclassement, de laissés-pour-compte. En panne, l'ascenseur politique fut dans l'incapacité de construire une route vers des lendemains meilleurs. C'est le blocage ! L'impact d'une telle crise sur les consciences fut atroce. Preuve en était que, même avec un président en fauteuil roulant, devenu virtuel durant plus de sept ans, l'opposition n'a pu faire le poids devant des rentiers aux bras longs, disséminés un peu partout dans les appareils de l'Etat, les administrations publiques, les médias, les organisations de masse, le foncier, le secteur de l'importation, etc.[12]

III-Un pays traversé par des crises cycliques

Après des années de réformettes-placebo et de contre-réformettes des plus diverses, à propos de tel ou tel secteur, telle ou telle crise, les Algériens se voient comme attachés à des *« zéros qui tournent en rond »*. Si l'on pense, par exemple, au processus historique de l'Algérie, surtout en ce qui a trait au créneau économique, on ne peut s'empêcher de se référer au livre-culte « *Le développement du sous-développement* », paru en 1969, chez Maspero, du grand économiste allemand André Gunder Frank. Pays à caractère agricole par excellence, l'Algérie s'est fourvoyée dès le recouvrement de son indépendance dans des logiques contradictoires, oscillant entre domaines autogérés et coopératives agricoles, de type socialiste. Gâché dans les luttes de pouvoir, l'intermède 62-65 fut un total fiasco sur tous

[12]En septembre 2016, l'ex-ministre du commerce Bakhti Belaïb s'était plaint publiquement, en vain, devant un parterre de journalistes des agissements illégaux de groupes de pression informels au sein de son secteur.

les fronts. Après le socialisme de la mamelle des années 1970, les trois révolutions industrielle, agraire et culturelle, l'élite nationale incarnée par l'armée et le Front de libération nationale (FLN), s'est orientée, sans grand succès, vers le P.A.P (programme anti-pénurie). Le slogan « *Pour une vie meilleure* » a donné à l'Algérien lambda la fausse illusion de prospérité. Ce dernier a cru, par naïveté, que son pays, ouvert à l'époque à l'économie de bazar, à l'Infitah[13] et à l'importation intensive du shampoing, des fromages étrangers ainsi que des bananes, était en passe de se hisser au rang des nations développées. Comme conséquences immédiates, la culture du cultivateur de la terre, *« le Fellah »*, auparavant fortement encouragée par Boumédiène, fut vite remplacée par celle des *« Souks el-Fellah »* (marchés de l'agriculteur en traduction littérale), ces grands magasins où affluent de nombreuses foules de ruraux fraîchement citadinisés, pour découvrir la belle vie *« à l'européenne »*, sous l'œil bienveillant et contrôleur de l'État-providence. Tout cela au nom du socialisme toujours !

Hélas ! L'euphorie des Algériens fut de courte durée, d'autant que la baisse des prix du baril de pétrole et le krach économique de 1986 ont plongé tout le pays dans le fameux : « Printemps d'Octobre 1988 ». Sur le terrain, la situation économique fut beaucoup moins reluisante qu'il n'y paraît. L'ère du colonel Boumédiène, malgré sa poigne de fer, fut dès l'entame, en 1979, de la présidence de Chadli Bendjedid l'âge d'or tant fantasmé pour beaucoup de générations d'Algériens déçus. Choc

---

[13]Pour comprendre l'ère de l'Infitah, cf. Rachid Tlemçani, *Etat bazar et globalisation, l'aventure de l'Infitah en Algérie*, Editions El Hikma, Alger, 1999.

pétrolier, dettes extérieures, dépression économique, corruption endémique, problème de logement, pénurie, instabilité sociale, fuite hémorragique des cerveaux, tout a été mis à la sauce pour pourrir la vie de la jeunesse.

La cassure entre le peuple et ses élites était déjà là, et les événements d'Octobre, ne furent que la résultante du mépris autoritaire de ceux d'en haut (les soi-disant super-Algériens) vis-à-vis de ceux d'en bas (les Algériens du Deuxième collège).[14] Il est vrai, toutefois, que, même s'il avait commis des erreurs sur le volet des libertés individuelles, le problème identitaire (l'interdiction formelle de l'usage de la langue berbère « Tamazight ») et dans la question de la révolution agraire, Boumédiène n'en était pas moins, en quelque sorte, un pionnier en matière de réformes industrielles. [15] L'Algérie s'est transformée, grâce à une stratégie économique optimiste et à la vingtaine de milliards de dollars perçus de la rente pétrolière, en un immense chantier. Ainsi s'était-elle dotée d'une infrastructure industrielle très solide qui est restée, des décennies durant, un patrimoine industriel inestimable pour toute la nation. Néanmoins, le manque de vision à long terme des dirigeants de ces années-là, conjuguée à la conjoncture

---

[14] Chef de gouvernement entre 1989-1991, Mouloud Hamrouche a engagé un projet économique réformateur, en rupture avec le système rentier du Parti unique. Toutefois, les bouleversements de la crise du FIS et les blocages de la machine bureaucratique ont forcé l'homme à la sortie par la petite porte.

[15]Le colonel Boumédiène reste un personnage controversé aux yeux de beaucoup d'Algériens. Certains, subjugués par sa politique socialiste « égalitariste » et ses prises de positions tiers-mondistes engagées y voient encore un symbole d'intégrité et de lutte, d'autres critiquent en revanche sa poigne de fer et sa répression des libertés.

internationale peu amène de l'époque, ont pesé lourd sur l'Algérie par la suite. Les perturbations sociales du début 1990, la guerre civile, le choc social, le malaise identitaire, en tirent peut-être leur origine.[16] Affaiblie économiquement jusqu'au point d'aller s'endetter pour « végéter », pillée, désunie, meurtrie, perturbée par les ingérences étrangères, poussée dans le piège de la haine de soi et de ses racines, l'Algérie n'a pu compter que sur le courage et la débrouillardise de ses enfants pour se relever.[17]

Enfin, le mythe de l'économie mono-exportatrice des hydrocarbures sous l'ère Bouteflika ne fut qu'une arnaque supplémentaire. Les exécutifs qui se sont succédé depuis 1999 (13 équipes gouvernementales au total), date de l'accession de ce dernier à la magistrature suprême, n'ont jamais eu de programmes pragmatiques pour relancer le chantier de la diversification économique, se contentant de manipuler les masses par les recettes de la rente pétrolière, en vue d'acheter leur silence. La bourgeoisie de Comprador, décalque des

---

[16]Si au milieu des années 1970, la cinquantaine de sociétés nationales était déjà techniquement faible et sur la voie de la faillite (ce qui a auguré l'avènement de l'économie de marché et remis en cause les dimensions redistributives et égalitaristes du socialisme à l'algérienne), une décennie plus tard, la production industrielle a complètement chuté, le désinvestissement, l'inflation et la dette extérieure ont progressé (le choc de la crise de 1986).

[17]L'application du plan d'ajustement structurel (P.A.S), négocié avec le fonds monétaire international (F.M.I) début 1990 a débouché sur le rétablissement des équilibres macro-économiques et financiers internes et externes. En revanche, il en a privé toute une génération de s'épanouir (sentiment de clochardisation, pauvreté endémique, chômage et austérité).

économies en faillite de certains pays de l'Amérique latine, s'est imposée dans les rouages du système : freins à l'investissement extérieur, bureaucratie systématisée, blocage du développement local. Ce qui a fait de l'économie informelle, [18] le moteur de l'économie nationale, avec des répercussions socio-économiques sur le tissu social. Sans surprise, malgré l'embellie financière réalisée grâce à la flambée exceptionnelle des prix du pétrole entre 2004 et 2014, l'Algérie se trouve presque en naufrage économique aujourd'hui. [19] Alors que les dépenses militaires ont augmenté et la corruption s'est renforcé, des pans entiers de la population, en proie à une misère grandissante, sont aux prises avec un quotidien difficile. [20] Bref, les

---

[18] À titre d'exemple, en 2014, la sphère informelle contrôle 40% de la masse monétaire en circulation et plus de 65% des segments de production de première nécessité (Abderahmane Mebtoul, « Les véritables raisons du trafic aux frontières », *Le Matin.DZ*, 19 Août 2014). En 2019, l'économie parallèle contribue à raison de 50 à 60% à l'économie du pays, échappant ainsi à toute traçabilité, comptabilité ou fiscalité.

[19] La somme astronomique de 1.000 $ milliards a été dépensée depuis 1999 ! En six ans (soit entre 2012 et 2018), presque 137$ milliards se sont évaporés. Ce fut, d'après certains analystes économiques, la période la plus sombre du règne du président déchu. Voir l'article de Lyes.C, « Les réserves de change seront vides d'ici 2021 », *Dzair Daily*, 16 mars 2020.

[20] Environ 61 % des importations d'armement en Afrique vont, selon le rapport annuel de Stockholm International Peace Research Institute (SIPRI) à l'Algérie et au Maroc (46 % pour le premier et 15 % pour le second).

En 2016, l'Algérie, occupe la cinquième place parmi les Etats qui importent le plus d'armes au monde, quand les dépenses du Royaume chérifien sont passées de 2.297 milliards de dollars en 2007 à 3.461

perspectives économiques post-2021, restent floues et soulèvent déjà des inquiétudes pour bon nombre d'Algériens.

Fâchée, paraît-il, avec le pragmatisme, les chiffres et les statistiques, l'Algérie se contente de dogmes et de slogans au ras des pâquerettes, avec une pratique renforcée de la langue de bois à tous les niveaux de la hiérarchie. Rappelons d'ailleurs, au passage, que les négociations secrètes avec les institutions financières internationales, les démarches pour s'endetter auprès du FMI et les mesures économiques antipopulaires prises à partir de 1995, n'ont jamais été discutées en grand public, mais imposées d'en haut par un cercle restreint de décideurs, politique du tout-sécuritaire de l'époque oblige.

Notre mal en Algérie vient de là : de l'entêtement de ceux qui gouvernent à toujours avoir raison, à ne pas tendre l'oreille à ceux d'en bas, à les marginaliser, à les mépriser, à les réprimer. Jeté hors du circuit politique, le peuple a souffert en silence de ce que j'ai appelé dans mes chroniques *« le syndrome d'apatride émotionnel ».* Il a développé inconsciemment une attitude grave, du genre : la patrie, c'est*« le pouvoir »*, *« les élites »*, *« les militaires »*, *« les décideurs »,* Ce sont tous les autres, sauf lui qui ne pèse rien, hélas, sur la balance des valeurs. Cette représentation, fausse aussi bien sémantiquement que symboliquement, découlant d'un ressentiment populaire refoulé, a séparé la base du sommet. C'est la

---

milliards de dollars en 2017 ! *Cf.* Yegavian Tigrane, « Alger Rabat, l'impossible entente » ,*Conflits,* janvier-mars 2019, N°20, p66-67.

résultante logique du mépris de ces élites-là, peu enclines à dialoguer avec leur peuple, et n'ayant jamais réussi à susciter son adhésion à leur projet par un système éducatif et culturel performant.[21]

Mais pourquoi ces dernières étaient-elles, à ce point, nombrilistes et complexées par l'enjeu de la démocratie, au point d'égarer les Algériens au milieu du gué, entre le gris et le noir, l'amertume et le défaitisme ? Pourquoi n'ont-elles pas mis un point d'honneur à traiter avec respect, probité et rigueur la question de la transition démocratique, avant qu'elle n'ait éclaté au grand jour avec le Hirak ?

[21] À titre d'exemple, le Singapour (un des tigres de l'Asie du Sud-Est) était, au moment de son indépendance en 1965, une île hangar démunie et isolée, mais grâce à un système d'éducation, objet du plus grand soin, il est devenu une puissance mondiale admirée et enviée.

Chroniques 2016

Problème de mentalité

Vendredi, 22 janvier 2016

Et voilà qu'avec la baisse des prix du pétrole, le temps des vaches maigres s'annonce à grand bruit.

L'Algérie monotone et à la tête malade, ayant longtemps joué le rôle de la cigale dans *« la fable de la rente »*, regrette aujourd'hui la persévérance de la fourmi ! Mais peut-elle rattraper tout le temps perdu alors que, depuis des décennies, elle n'avait adopté aucune stratégie pour sortir de sa dépendance alimentaire et économique ? En attendant la réponse, passons vite à autre chose : le problème des mentalités.

Je pense que, comme tout pays du Tiers Monde, l'Algérie en souffre. Or, si celle-ci veut changer, ne serait-ce qu'un aspect de cette crise complexe qui la ravage, il lui faudrait d'abord commencer par la réforme des cerveaux, une finalité qui devrait s'inscrire dans le droit fil du combat de tous les jours. Pour cause, l'élan démocratique pris, il y a plus d'une décennie par la société algérienne, s'est brusquement heurté, en amont, aux petits calculs politiciens, et en aval, à la toile des inquiétudes citoyennes, chute du pouvoir d'achat des ménages oblige. Les Algériens, à la périphérie de l'enjeu de la démocratie, ne pensent plus désormais, paraît-il, à la construction d'une société civile forte, en mesure de faire le contrepoids au pouvoir politique, et leurs élites se vantent à peu de frais d'être épargnées par le cyclone du Printemps Arabe, expliquant, non sans arrière-pensées, que le peuple a subi suffisamment d'épreuves traumatisantes qui l'ont instruit sur les dérives des soulèvements précipités, allusion faite ici à la parenthèse sanglante de la crise du FIS, début 1990.

Il semble qu'en agissant ainsi, ces élites-là, soucieuses de leur propre survie, veulent raviver, d'une part, chez le citoyen lambda, le sentiment de la peur du chaos (le fantôme d'une nouvelle guerre civile), afin d'anesthésier toute volonté de changement. De l'autre, elles l'invitent implicitement à s'armer de patience, unique moyen de nature à le préparer, du moins psychologiquement, à leurs futurs plans d'austérité économique.[22] Peu crédibles à tous points de vue, toutes ces initiatives-là ont donné du tonus au cliché-stéréotypé de « l'immaturité innée du peuple au changement », toujours en vigueur dans le logiciel mental des dirigeants. Or, une simple analyse de la métamorphose du comportement des Algériens depuis l'indépendance prouve que ce sont ces derniers, les dirigeants, qui étaient à l'origine de cet état de fait. Avec le socialisme trop protecteur (Etat-providence) des années 70-80 et le libéralisme sauvage des années 90, les Algériens, tombés en porte-à-faux avec les notions du civisme, des droits et des devoirs, ont gâché les deux tiers de leur lucidité. Ayant succombé aux excès du matraquage démagogique du régime en place, ils découvrent, sur le tard, que les acquis pour lesquels leurs aînés s'étaient sacrifiés ont été dilapidés (capital révolutionnaire, capital du militantisme et des luttes, capital culturel).

Leur frustration est telle qu'ils ont perdu tout espoir en l'avènement du soleil de la démocratie. Puis, vu

---

[22]Depuis pratiquement 2014, l'exécutif parle de plan de *« taka'chouf »* (austérité), en raison de la baisse des recettes de l'Etat, suite à la chute des prix du pétrole.

leur désenchantement, suite à ce qui s'était passé à partir de 2011 dans la région arabe, cette démocratie-là leur est devenue le reflet d'un chaos à venir, et non plus d'un idéal à conquérir. Le plus grave, c'est que ce processus régressif contagieux a sapé le moral de beaucoup d'entre eux, devenus peu prédisposés pour les luttes individuelles et collectives en faveur de l'avènement de l'Etat de droit. Livrés à eux-mêmes, ils tentent alors de ramer vers le large, mais en se gardant bien, faute d'appui moral, de faire le diagnostic d'eux-mêmes, leur société, leur pays.[23] Et par l'effet d'un matérialisme envahissant jumelé à l'islamisme, ils ne sont parvenus qu'à bricoler une place dans une bourse de valeurs sociales travesties.

Ainsi, par exemple, le paraître vestimentaire ou physique (la barbe, le kamis, le voile, le niqab, etc.) s'est transformé en simple « pare-être » psychologique, — *l'expression est empruntée à l'anthropologue Marc Perreault*—, dans le but de se conformer à une certaine hypocrisie sociale faussement moralisatrice. Hélas ! Cet effet de foule anarchique, doublé d'un individualisme égoïste, ont tué l'individualité, la liberté de la pensée et l'autonomie de l'Algérien. Récemment, un ami affligé par tant d'années d'exil, subi dans l'épreuve et la solitude, m'a raconté ce qu'il avait constaté, la mort dans l'âme, en Algérie. Le désintéressement à l'autre, à l'environnement, au vivre-ensemble et à tout ce qui est

---

[23] Un sondage effectué au printemps 2011 par le Centre arabe de recherche et d'études politiques (Carep) dans 12 pays arabes révèle que seuls 2% des Algériens se disent « très intéressés » et 16 % « intéressés » par la vie politique de leur pays, contre 15 % et 25 % en moyenne pour les 12 pays arabes de l'enquête confondus. En même temps, en moyenne, 26% des jeunes algériens comptent émigrer.

relatif à la culture est, me confia-t-il, incontestablement une seconde nature locale. « Dans ma famille, ajouta-t-il, une larme de nostalgie à l'œil, pourtant tous des lettrés mieux que moi et ayant des professions libérales, ça sent le renfermé ! Personne ne lit ni ne tente de comprendre ce qui se passe dans le pays. J'en reste stupéfait. On dirait que je vis dans un autre monde. Et dès que l'on se met à table pour manger ou parler, la pauvreté de la discussion fait le vide autour de nous. Je m'accroche quand même, faisant semblant de m'y intéresser mais je finis vite par m'ennuyer » « Mais pourquoi les tiens ne lisent-ils pas, alors que tu me dis qu'ils sont assez aisés et ont les moyens ? » l'interrogeai-je curieux. « Tu sais, en Algérie, ce phénomène d'illettrisme systématique est presque normal, puisque la vision de la société d'autrefois a changé. Celui qui a fait des études s'inspire et suit les schémas de réussite de quelques rentiers fortunés, sans culture, qui construisent des châteaux et roulent en voitures de luxe, grâce à la corruption, c'est-à-dire l'inverse de ce qui doit se passer, et le résultat est là. »

Dépeignant un tableau acerbe de l'Algérie de nos jours, mon interlocuteur agrémente son réquisitoire d'une anecdote qui l'avait à jamais marquée dans un des cafés d'Alger la Blanche : « impeccablement vêtus, les deux gars qui étaient attablés en face de moi parlent fort politique et business, mais oublient tout de même de rappeler au serveur, qu'en tant que clients, la propreté de leur table est impérative avant de s'y installer, et que dans un lieu public pareil, deux verres de cafés ne se servent jamais avec une seule cuillère que l'on trempe dans l'eau pour, soi-disant, la nettoyer avant qu'elle ne fasse le tour de la salle. Avec, le comble, à leur côté une sucrière dont des tâches grisâtres de sucre mouillé forment des boules qui se voyaient de loin, c'est terrible ! Ce sont pourtant ces petits détails qui font les grandes différences sous d'autres cieux. » Supposons, maintenant, que l'Algérie n'a plus de rente pétrolière et qu'elle s'est appuyée sur l'unique secteur touristique pour faire son budget annuel et nourrir ses enfants. En même temps, des touristes étrangers viennent dans ce même café et constatent ce décor à la limite du pitoyable. Vont-ils y revenir pour soutenir de telles anomalies : manque de calme et d'hygiène, chaises mal triées, tables éparpillées, absence de courtoisie, odeur suffocante de la fumée ? Jamais !

Le degré zéro de la culture

Jeudi, 18 février 2016

Force est de reconnaître que nos élites sont devenues comme des nuées de vampires, tout juste sorties d'un film d'horreur. Mais pour dévorer quoi ? La conscience de l'Algérien, ou plutôt ce qu'il en reste. Au nom d'un faux nationalisme d'on ne sait quelle nature, elles ont dilapidé le legs révolutionnaire du peuple,*« étatisé »* la corruption, *« desétatisé »* l'Etat, tribalisé le pouvoir, profané le sacre des institutions, banalisé l'école, dévalorisé l'éducation, corrompu *« moralement »* par la rente des citoyens déjà longtemps privés de culture civique, rendu fragiles les quelques partis ou associations qui leur posent problème, et la liste des charges retenues contre elles n'est que trop longue. Rentières, ces élites-là incarnent, à elles seules, une machine de destruction culturelle dans la société. Et quelle société pardi ? Car, pouvons-nous en fait appeler *«société »*, ce semblant de tribu semi-moderne qu'est la nôtre, laquelle, quoique souffrant déjà de sécheresse culturelle, ferme encore des salles de cinéma et en ouvre à la place des pizzerias ?

L'Algérie ne sera qu'un repaire de l'inculture, tant qu'il n'y a en face des citoyens que des députés et des ministres qui ne lisent pas ! Des élites qui s'abrutissent à dessein, se laissant piéger par *« le système d'abrutigentsia »*[24]

---

[24]Ce mot est emprunté au militant des droits de l'homme Salah-Eddine Sidhoum.

qu'elles venaient de construire. Les citoyens les imitent et se transforment en esclaves de la bêtise. Ce faisant, les premières réduisent à néant les chances de tout progrès social et les seconds confirment, à leur corps défendant, le surnom *« el-ghâ'chi »*[25], qu'on leur prête à tort afin de les infantiliser, les ridiculiser et les maintenir, à tout jamais, dans la soumission et la dépendance.

Mais c'est quoi *«el-ghâ'chi »* au juste ? Une simple définition suffit : « c'est le fait pour le peuple de se noyer dans l'illettrisme, la bigoterie et la vénération du chef, en refusant de consentir le moindre sacrifice pour s'instruire, se cultiver, se civiliser »

Un statut défavorable susceptible de rendre ce peuple-là arriéré et retardataire sur le plan culturel. Les Algériens sont victimes d'un*« analphabétisme structuré »*. Ils nagent à contre-courant des vagues de la mer, puis près de se noyer, ils se débattent dans le vide comme s'ils espèrent se laisser remonter à la surface « grâce » à la médiocrité ! Naît alors une espèce d'inertie collective qui affaiblit l'appareil immunitaire de la raison. La combinaison maléfique entre l'inculture et la dictature ne créera-t-elle pas, à la longue, la haine de soi et de l'autre ? Il y a donc pléonasme entre inculture et violence, avec un effet cumulatif plus que destructeur sur les consciences : le fanatisme.

---

[25]El-ghâ'chi (populace) : un terme péjoratif pour les masses, lâché par un ancien haut responsable courant 1990.

Le temps mort

Jeudi, 31 mars 2016

À quoi le travail rime-t-il, si ce n'est à l'apprentissage de la joie ? Un bonheur exquis de compter sur soi, d'être autonome, de servir à quelque chose dans la vie, d'être utile à sa famille, la société, la nation. Bien plus qu'un sport pour la santé, le travail est le nerf de la guerre. Car s'il l'on est désœuvré et désargenté, tout devient problématique : se déplacer, avoir un toit, se nourrir, fonder un foyer...

Or, en Algérie, l'horloge mentale des citoyens marche à l'envers et ses aiguilles bougent, en fonction du labyrinthe bureaucratique et les caprices de*« s'hab chekara »* (les rentiers). Pas d'idéologie pragmatique qui tienne, hormis les retombées fatales du virus de l'assistanat. Une idéologie de substitution qui squatte la cartographie des préférences d'une jeunesse égarée. Et ce n'est pas du tout un hasard, si un chômeur s'appelle dans le dialecte local : *« hittiste »*.[26] Être hittiste, c'est regarder le monde bouger, tout en fixant les yeux sur son nombril. C'est le non-mouvement, la vieillesse de l'âme et le fait de se sentir déjà fatigué, en se rasant sa barbe au petit matin. Ainsi, le mur se transforme en *« lieu de recueillement »*, aussi bien pour le jeune que pour le

[26]Les adolescents apprennent, en observant leurs aînés chômeurs, à « tenir les murs ». La spécialité fait tellement d'adeptes en Algérie qu'on les surnomme « hittistes » (en darija, el-hit signifie mur). Ces derniers coulent chaque jour de longues heures d'indolence, adossés aux immeubles, ils blaguent avec des copains, apostrophent les filles qui se promènent.

vieux. Une sorte de fantasme pathogène que cette rente maudite du pétrole, ayant déjà anesthésié tout désir de mobilité chez les Algériens, a pu entretenir.

Combien c'est confortable de nager dans l'illusion ! Le problème, c'est que ces jeunes-là cherchent des réponses à leurs problèmes ailleurs qu'en eux-mêmes, vivant l'instant présent par procuration. Que s'est-il passé pour qu'ils en arrivent là ? Une Algéroise d'un âge avancé m'aurait expliqué, il y a peu de temps, que *« le réétalonnage de l'échelle des valeurs »* à la négative y est pour quelque chose. Un prof à l'école, dit-elle, n'inspire plus du respect comme avant. En dehors de l'espace éducatif où il exerce, il est considéré par ses propres élèves comme un raté qui gravite entre précarité et anomalie sociale. Aucun élève ne le fuit ni ne le craint. Désarmé qu'il est par un quotidien pathétique, il est rabaissé symboliquement dans son milieu social et n'a presque aucun poids devant des rentiers, souvent incultes qui s'en remplissent rapidement les poches par la corruption.

Morte d'ennui, gagnée par l'inculture et le charme factice du matérialisme, la société algérienne a comme atteint son délai d'expiration, dans la mesure où elle n'a pas accompli sa principale mission : l'éducation des masses au respect du temps et du savoir, la discipline et l'exigence de la moralité. En conséquence, la notion du temps n'a guère d'importance et la culture plus aucune place. Or, à ceux qui disaient que la culture n'est pas rentable pour la société, Abraham Lincoln (1809-1865) avait coutume de répondre : *« Eh bien ! Essayez messieurs l'ignorance ! »*

La société est une construction collective

Mercredi, 20 avril 2016

Est-il honteux de vouloir vivre dans son pays et cultiver l'espoir d'y rester pour de bon afin de le servir ? Est-il honteux de résister de l'intérieur à cette crise morale et de valeurs qui jette l'actuelle Algérie dans l'impasse ? Est-il honteux d'aimer les siens avec tous leurs défauts et leurs qualités aussi, en partageant leurs peines, leurs douleurs, leurs inquiétudes, leurs angoisses, leurs joies ? Enfin, sera-t-il un contresens si, nous les Algériens, disons aujourd'hui qu'il est de notre devoir de nous revendiquer de notre propre *«algérianité »* et de l'espoir ? Ce serait sans doute un pari risqué, vu l'état de dégradation avancée auquel est arrivé le pays.

Tout le monde cherche à fuir et ceux qui sont à l'étranger ne comptent que rarement y revenir. Or, depuis quand les masses du monde ou leurs élites ont-elles pu changer les choses, tout en étant à la périphérie du problème, et non guère en son cœur ? Aucun exemple dans l'histoire ne le prouve à ma connaissance. Je pense, bien sûr, en écrivant ces lignes aux milliers de nos cerveaux en exil qui font le bonheur des autres nations, et non pas la leur. Car, il va de soi que se contenter de sentir les pulsations de sa société derrière un écran d'ordinateur ou de télévision, loin des siens qui souffrent, n'est qu'un coup d'épée dans l'eau. De même, se cacher derrière les mots, les slogans et les petites phrases sans que l'on ne puisse les ramener au stade de l'action est doublement traumatisant pour quiconque se sentant vraiment concerné par cette malédiction qui atteint l'Algérie de toutes parts.

Pour faire simple : à quoi serviront des diplômes, même acquis dans les plus prestigieuses universités de la planète, si leur contenu n'est pas exploité à bon escient pour l'intérêt de sa patrie ? Toute l'erreur de nos élites dans la diaspora est là ! Erreur de nos gouvernants aussi, qui leur ferment les portes d'entrée et les découragent. Le vide étant immense et notre génération, à tout jamais irrécupérable, en pâtit. Je me demande à quoi ressembleront nos administrations, nos services consulaires et nos mairies, lorsque cette ancienne génération, pourtant maudite pour des raisons ou d'autres, se sera définitivement éteinte?[27] Notre jeunesse, qui porte les séquelles d'un sous-développement structurel (arabisation déstructurante, islamisme, peu d'engagement social, désespoir sur fond de revanche, intolérance), peut-elle relever les défis de demain ?

[27] En Algérie, le conflit intergénérationnel est né de la rupture entre l'ancienne génération « révolutionnaire » et les suivantes (celle de l'édification après l'indépendance et l'autre de la technologie du numérique, depuis les années 2000).

Reste-t-il encore de l'espoir ?

Vendredi 22 avril 2016

Qu'ils s'en attristent ou qu'ils s'en réjouissent, la consigne est toujours la même : les Algériens devraient apprendre à voir leur pays autrement, à peindre un tableau autre que celui qui leur est réservé par des journées mortes, monotones et sans éclat, à fuir une réalité laide, insipide et terne dont ils sont à la fois victimes et spectateurs.

Jusqu'à ce jour, ces derniers sont pris dans le cyclone du pessimisme. Un pessimisme qui progresse sous une forme quelquefois incohérente. Le passé est imprécis, le présent est pesant, l'avenir est indéterminé. La seule question qui importe au regard de leurs élites est, semble-t-il, de savoir comment pérenniser leur rupture consommée avec la base, et non plus comment la réparer. Nul besoin, donc, de revenir sur le pourquoi et le comment des faillites algériennes dans un contexte de délabrement moral généralisé.

Car, indépendamment de tous les dégâts induits par une telle situation, le gris du quotidien est parfois peut-être, pour les miens, plus lumineux, voire plus printanier que la couleur des fausses utopies, plantées depuis belle lurette, dans leur cœur. Mais pourquoi y a-t-il, chez eux, ce quelque chose mi-figue, mi-raisin ? C'est-à-dire, ce quelque chose qui n'est ni tout à fait pessimisme ni ouvertement optimisme, mais qui, sans cesse, revient, révulse et même parfois bloque tout bond en avant ? Comme s'ils veulent, les Algériens s'entend, pousser une voiture en panne pour qu'elle démarre, puis l'arrêtent brusquement à mi-chemin.

Mais les miens peuvent-ils accepter, pour longtemps, qu'un pays-phare du pourtour de la Méditerranée, dont la superficie dépasse les 2 millions de km^2 et la population avoisine 40 millions d'âmes, dont les deux tiers sont des jeunes de moins de 35 ans, soit géré au jour le jour ? Et puis, serait-il raisonnable de maintenir cet ancien *« grenier à blé de Rome »* dans le statut de dépendance économique à l'égard de ceux qu'il approvisionnait jadis ? Les voici, maintenant, au tournant d'un autre virage, sans repères, errant égarés, incertitudes et peurs mélangées. Le peu de fois où les Algériens parviennent à prendre contact avec leurs réalités, ils rentrent dans un état second. Autant dire, des passages à vide qui conduisent droit à l'isolement dans l'ivresse.

Et parler du bonheur ? Pardi ! J'ai le tournis. Les miens ont-ils seulement le droit de jouir d'un tel luxe, une fois à l'extérieur pour faire leurs courses ? La crise est là et la vie est chère ! Le peuple est clochardisé parce que, d'abord longtemps privé de ses richesses, d'éducation et de culture.

Nos jeunes sont-ils vraiment fainéants ?

Samedi, 23 avril 2016

Pourquoi accuse-t-on nos jeunes d'être des fainéants ? Pourquoi déforme-t-on leur image, dès la première phrase prononcée sur les tribunes de la presse et les plateaux télévisés ? Pourquoi ne les écoute-t-on pas, avant de les juger ? Pourquoi sommes-nous incapables de trouver, par nous-mêmes, un peu de lucidité afin de valoriser leur rôle dans la construction du pays ?

Et puis, notre société serait-elle à ce point, si rétrograde, pour ignorer ce que pourra lui apporter sa jeunesse, si elle la reconnaît à sa juste valeur ? Il est inconcevable de porter des clichés aussi péjoratifs que nauséabonds sur notre jeunesse, enivrés que nous sommes par une rhétorique démagogique, teintée d'un mépris à peine dissimulé. Quel contraste, le jeune algérien est ramené, contre son gré, à la fragile position du bouc émissaire !

Or, si l'on regarde bien les choses, c'est la réussite fulgurante de certains faux riches issus, pour la plupart, de la corruption qui a entretenu la culture de la paresse et de l'assistanat. Le savoir, l'effort et le sacrifice sont des qualités qui ne sauvent plus, paraît-il, dans la société algérienne. Si les jeunes refusent de travailler, c'est parce que la rente et le spectacle de l'argent facile les en ont découragés. Et s'ils veulent vraiment s'y mettre, les longs bras de la bureaucratie leur barreront la route. Ils sont, en quelque sorte, prisonniers du jeu malsain de la société, l'administration, les médias, les élites. Qui plus est, les obligent à se maintenir, pour longtemps, dans la situation si peu avantageuse de*« précaires durables »*. Le point noir qui gâche leur autonomie, leur liberté, leur indépendance, leur épanouissement. Qu'il soit étudiant, salarié, chômeur, le jeune algérien souffre du manque d'égards à sa personne, en tant qu'acteur de son destin et celui de la nation. Sinon, rien qui puisse justifier qu'un Chinois, un Français, un Canadien, un Malaisien, un Allemand ou un Américain soient plus actifs, plus entreprenants et plus engagés que lui. La problématique se pose donc au niveau de la fausse conception que l'on se fait de la jeunesse, le travail, le progrès.

Le problème est nous, les Algériens

Samedi, 23 avril 2016

Un pays bien foutu comme le nôtre —*avec tout ce que cette phrase porte de symbolique*— ne peut être foutu que parce que nous avons cessé de le voir comme une source d'espérance. Il va bien falloir le reconnaître une bonne fois pour toutes : on n'aime pas travailler en Algérie, on n'aime pas rêver, on n'aime pas dialoguer, on n'aime pas critiquer sans blesser ou diffamer, on n'aime pas aller vers l'autre dans le respect de sa différence et de sa diversité, on n'aime pas tolérer, on n'aime pas réviser nos erreurs pour les corriger et les éviter par la suite, on n'aime pas partager nos richesses, nos savoirs, nos amours et nos vécus avec générosité, on n'aime pas *« aimer »* son frère, son ami, son voisin, son compatriote, son prochain, l'étranger qui vient chez nous...

On se déteste parce qu'on refuse de se connaître de l'intérieur, rentrer en nous-mêmes, nous autocritiquer avec impartialité, établir tout le temps le compte rendu intégral de nos erreurs, avancer. Le principe socratique, à l'origine de la civilisation grecque, ne suggère-t-il pas, par exemple, à chaque membre de la cité athénienne ce fameux : *« Connais-toi, toi-même »* ? C'est-à-dire, cette connaissance de soi qui se transforme en *« co-naissance »*, comprendre par-là : une nouvelle naissance à la vie, un réveil à l'humanité, et surtout *« une résurrection de la conscience. »*

Rien d'étonnant à ce qu'aujourd'hui, en Algérie, nos syndicalistes, nos ministres, nos élites, nos cadres soient démobilisés, *« dépatriotisés »*, désorganisés. Car, quand avant de parler de l'école, certains nous parlent de la mosquée, avant de parler de la logique et de la raison, ils nous balancent *« hypocritement »* à la figure plein de formules pieuses qui peuvent ressembler à tout ce que l'on veut, sauf à l'esprit authentique de la religion, quand, avant de parler de la vie d'ici-bas, ils nous parlent du paradis et de l'au-delà, quand avant de parler de l'homme, ils nous parlent de Dieu et de ses prophètes, nos problèmes ne feront que se compliquer. Puis, ces problèmes-là que nous croyons venir de l'autre sont, en vérité, en nous-mêmes. Ils sont dans nos idées, nos cerveaux, nos gestes, nos comportements...

Changer qui ? Comment ?

Lundi, 2 mai 2016

Ces derniers temps, chaque Algérien s'interroge, presque de la même façon, et avec quasiment la même pointe d'inquiétude : changer qui ou quoi en cette pauvre Algérie, à présent déçue de ne plus être elle-même ; désorientée ; perdue ? Comment, pourquoi, et par quels moyens amener les élites, les étudiants et les masses populaires à accepter le fait que le changement est le sel de l'histoire ? Et qu'il est, de surcroît, une loi nécessaire et irrémédiablement secourable pour le progrès de la nation ?

Cette série de questions peut prendre d'autres dimensions, au fur et à mesure que notre destin national dessine des courbes trop sinueuses, trop incompréhensibles et trop ambiguës pour être cernées dans une seule chronique : Qui va, par exemple, changer qui quand tout va mal partout ? Est-ce que ce sont les dirigeants qui vont changer ceux qu'ils dirigent ou, au contraire, ce sont ces derniers qui vont changer ceux qui les dirigent ? Ou, par un concours bienveillant de coïncidences, les deux vont changer d'eux-mêmes, spontanément et séparément les uns des autres, puissance divine de *« el-Koudra »*, *« el-Mektoub »*, *« Allah ghaleb »* aidant ?[28]

[28]Le discours religieux, issu de l'islamisme de masse, a créé en Algérie une certaine culture fatalo-pessimiste très nuisible.

C'est un dilemme kafkaïen d'abord, à cause de *« la complexité »* de notre drame, puis, cornélien entre l'amour du statu quo des uns et le devoir de changer en urgence la situation pour les autres. À peine les Algériens étaient-ils sortis du cauchemar de *« Qui tue qui ?*[29], en vogue courant des années 1990, qu'ils s'enfoncent aujourd'hui en profondeur dans celui de *« Qui change qui ? »*

Un exemple, j'ai posé la question suivante à un jeune en Algérie : *« Espères-tu un jour un changement en Algérie ? »* Sa réponse : *« Non pour le moment ! Mais si nos cerveaux rentrent de l'étranger, tout sera possible ! »* Maintenant, la réponse d'un jeune hyper-diplômé, rencontré en France à la même question : *« Non. Mais, si la situation s'améliore là-bas, je vais rentrer, enseigner à l'université, réformer et aider mon pays à se relever ».* En gros, le citoyen de l'intérieur attend le changement de celui de l'extérieur et ce dernier du premier. C'est le même cas du pouvoir et de l'opposition, des cadres et des chômeurs, des jeunes et des vieux, des salariés et des retraités, des femmes et des hommes. Or, le changement n'est pas exclusif mais inclusif : il doit venir de nous tous.

---

[29]Au pic de la décennie noire, des voix d'opposants algériens en exil, appuyées par certains médias occidentaux, ont remis en cause la thèse du terrorisme islamiste, avancée par le régime. Des témoignages comme celui de Habib Souadia*« La Sale guerre »* (La Découverte, 2001) et de Nasroullah Yous *« Qui a tué à Bentalha ? »* (Cahiers Libres, 2000) ont apporté des preuves concrètes sur l'implication des militaires algériens dans des massacres de civils.

Mais pourquoi on est comme ça ?

Mardi, 3 mai 2016

Il y a environ deux mois, un internaute algérien a dû passer une annonce sur les réseaux sociaux afin de chercher un maçon et trois manœuvres pour un chantier de construction, installé dans sa propre maison, en Kabylie. À son grand malheur, il n'en a trouvé qu'un type qui frôle la cinquantaine, sans aucun rapport avec le métier et cela, après presque trois semaines de quête minutieuse. Ayant, paraît-il, épuisé, en vain, toutes les démarches en mode réel par l'intermédiaire de quelques-unes de ses connaissances pour dénicher la perle rare, cet internaute-là n'a eu, cette fois-là, que le réseau virtuel pour dernier recours. Internet pour déposer une offre d'emploi et trouver un maçon ! Pas du tout évident en Algérie. Et dire pardi qu'on a des millions de chômeurs qui traînent dans les rues ! Quel paradoxe !

Les maçons, les manœuvres, les journaliers, les éboueurs, et j'en passe, pas la peine d'insister là-dessus, il n'y en a quasiment pas, et s'il en existe quelques-uns, ils boudent tous l'offre par mimétisme comme s'ils en ont honte. Mais pourquoi ? Non seulement nos jeunes considèrent ces professions, du reste nobles, comme des sous-métiers, mais aussi rêvent tous d'aller en Europe, s'y installer, épouser de belles blanches, avoir de l'argent facile et des comptes bien garnis en euros. Ce mirage de l'exil, conjugué au drame de la rente pétrolière les ont comme ensorcelé, en les poussant à ne jamais penser retrousser un jour les manches pour travailler. Est-ce leur faute ? Ou est-ce la faute de ceux qui les y ont habitués ?

La question renvoie, en effet, aux contradictions algériennes de ces dernières années, où des véhicules de l'ANSEJ,[30] sans grand rendement ni pour leurs titulaires ni pour la collectivité, acquis au moyen d'emprunts avoisinant parfois des milliards, sont cédés à des couples de passage en mal d'amour... (sic) à *« la prostitution déguisée »*. Je donne maintenant, en abondant dans le même sens, un exemple d'une région de l'Algérie profonde (la Kabylie) que j'avais visitée depuis un an. Les terres y furent en friche, des figuiers ainsi que des oliviers très estimés, dans le passé, furent abandonnés, sans qu'il n'y ait personne pour les entretenir. Rares étaient les agriculteurs qui y tenaient encore. Mais à quel prix ? Pas de main-d'œuvre, même payée à un salaire motivant, pas d'encouragement, pas de moyens. Comble d'ironie, à la saison de récolte, des groupes de jeunes désœuvrés et des voitures de luxe y affluaient de toutes parts. Mais pourquoi ? Pas de mystère : profiter gratuitement des figues fraîches de la campagne entretenues par ces paysans « naïfs » qui avaient cherché, pourtant, partout des travailleurs pendant toute l'année, mais ne les avaient jamais retrouvés !

---

[30] L'ANSEJ (Agence nationale de soutien à l'emploi des jeunes), initialement créée en 1996, a été relancée en 2000 par Bouteflika pour encourager l'entreprenariat des jeunes.

Le civisme commence à nos portes

Samedi, 21 mai 2016

J'ai été sidéré, en découvrant la dernière fois, une image des plus bouleversantes sur les réseaux sociaux : il s'agit de la gare d'une ville du littoral algérien où des usagers, à l'apparence bien soignée, côtoient, insouciants, des monticules de bouteilles vides, de papiers et d'immondices. Mais qui blâmer dans ce cas-là ? Le chef de la gare qui n'a pas dépêché, sur place, des agents de nettoyage ? Les citoyens qui n'ont pas réclamé d'entretien ? Ou les raisons remontent à ce que certains internautes décrivent comme *« une mentalité à l'Algérienne »*, c'est-à-dire, un mélange de je-m'en-foutisme, de victimisation et du rejet de la responsabilité sur les autres ? Que se passe-t-il dans le cerveau de certains Algériens pour qu'ils oublient le plus élémentaire de leurs devoirs : l'exigence de la propreté de l'espace public ? Pourquoi, la plupart d'entre eux, s'empressent-ils à prendre soin de l'intérieur de leurs foyers et à négliger leur dehors, au point de s'inventer un véritable don de duplicité ?

C'est une réalité désagréable à constater pour parler, en toute franchise. Car, partout où l'on va, c'est la même histoire qui se répète. Il y a quelques années auparavant, ma ville, Béjaïa, fut considérée comme un joyau touristique, culturel et surtout un modèle de propreté, au niveau national. Avec des plages bien entretenues et sécurisées jusqu'aux heures les plus tardives de la nuit, elle attirait des gens de toutes les régions d'Algérie et même d'ailleurs (la diaspora et les étrangers).

Malheureusement, la joie fut de courte durée. Car, le passé teint en bleu, aura viré très vite à la laideur et au pessimisme : rues désolantes et insalubres, façades de bâtiments amochées, routes défoncées en centre-ville, trottoirs dégradés, sacs de poubelles partout éventrés, chiens errants, etc. Et le comble, les habitants regardent ces phénomènes *« bizarres »,* avec moins de gêne. Pourquoi les Algériens régressent-ils, à ce rythme inquiétant, en excellant dans l'absurde, même dans les détails les plus anodins de leur quotidien ? Est-il compliqué, par exemple, de réclamer au maire ou à un quelconque responsable local des moyens : sacs, pelles, balais et balayettes pour accomplir la tâche de nettoyage par soi-même ? Est-il si compliqué de faire des campagnes de sensibilisation pour éduquer les générations montantes aux vertus du civisme ? Où sont les associations, les comités de quartiers, les élus, les sages ? N'est-il pas grand temps de rompre, définitivement, avec la culture de l'incurie ?

Le tourisme, une alternative au tout-Pétrole

Lundi, 23 mai 2016

Si l'Algérie avait su tirer profit de ses potentialités naturelles, le tourisme aurait été sa plus grande chance, encore plus porteuse que le pétrole, l'agriculture, l'industrie.

Fausse ou vraie, cette affirmation mérite aujourd'hui réflexion. Certes, quiconque lit cela parmi les Algériens dirait que je vivais, peut-être, dans un autre monde. Or, par ces temps durs où l'on nous martèle, sans cesse, de serrer la ceinture, penser à ce créneau peut sérieusement sauver l'Algérie et, pourquoi pas, lui permettre un décollage économique sur le long terme. Tous les atouts sont là : un littoral merveilleux s'étendant sur près de 1.200 km, un climat méditerranéen doux et agréable, des plages, des plaines, des montagnes, des paysages magnifiques, des sites historiques de valeur, un riche arrière-pays qui regorge de belles surprises, un désert des plus beaux de la planète, une situation sécuritaire beaucoup plus favorable que lors de la guerre civile.

Qu'est-ce qui manque donc pour que la machine touristique s'emballe ? Pourquoi l'Algérie gâche-t-elle ces trésors que, pourtant, nombre de nations lui envient ? N'est-il pas honteux que ses revenus en matière de tourisme représentent moins de 8% du P.I.B, alors qu'à titre d'exemple, le Maroc, est classé à la 29ème place au niveau mondial et compte investir davantage afin d'arriver à 20 millions de touristes à l'horizon 2020 ?[31]

En vérité, les élites algériennes n'ont développé aucune stratégie efficace en ce domaine dans le cadre d'*«une alternative totale au Tout-Pétrole »*. Elles n'ont presque rien fait aussi pour la formation des jeunes, des moniteurs et des cadres spécialisés dans l'accueil, l'accompagnement et l'orientation des touristes (bureau d'études du marché, marketing, publicité).

Autrement dit, elles n'ont pas tenté d'amener les Algériens à saisir le sens réel du tourisme et à s'interroger comment ils l'envisagent. Ces derniers seraient-ils repoussants, du point de vue mentalité ou comportement, vis-à-vis du touriste étranger ? Ont-ils des difficultés à bien s'y prendre avec lui ? Qu'est-ce qui pourrait les déranger chez cet étranger-là : le désir de mixité, la liberté, la modernité, l'incompatibilité des traditions, la peur de la corruption des mœurs de leur société par l'argent de la devise ? Qu'en est-il de la diaspora, nos émigrés ? Enfin, quel regard posent-ils sur leurs voisins tunisiens et marocains, en ce qui a trait à ce point précis ? En gros, il convient de s'intéresser à la psychologie de l'Algérien dans une réforme globale et intelligente, incluant les perspectives touristiques : budget, placements financiers, infrastructures.

---

[31]Selon le rapport d'hospitalité touristique établi par Jumia Travel Algérie en septembre 2017, les revenus globaux générés par le secteur touristique en 2016 sont estimés à 1 230 milliards DA, soit 7.4% du PIB. Quant au revenu net, il est estimé par le Ministère du tourisme à 1,5 milliards DA en 2015.

La sempiternelle crise de logement

Mardi, 24 mai 2016

Au tout début des années 1970, l'Algérie s'est retrouvée empêtrée, pour cause de démographie galopante, dans une grave crise de logement. Incapable de gérer un exode rural, devenu très massif vers les villes, elle aurait inventé des solutions de rechange (révolution agraire, politique des plans, construction de villages socialistes), qui n'ont pas suffi à endiguer un phénomène qui allait crescendo d'année en année.

Prévue, dès l'indépendance, l'étude de ce scénario-catastrophe a été reléguée, depuis, au second plan pour incompétence managériale et absence de stratégie urbanistique à la hauteur des défis de l'époque. Les multiples gouvernements des années 80, qui n'ont pas pu ou su se pencher sérieusement sur la question et le *« Contre-choc pétrolier »* de 1986, ayant vu le prix du baril chuter sous la barre des 10 dollars, n'étaient pas pour apaiser le front social.[32] Pour rappel, l'emploi et le logement furent parmi les revendications prioritaires de la jeunesse en octobre 1988.

La terrible brèche de la guerre civile n'a fait qu'aggraver davantage cette cicatrice avec l'apparition

---

[32]Déjà en 1983, la dette extérieure de l'Algérie a atteint près de 13 milliards de dollars. En 1989, soit, trois ans après la fameuse crise économique de 1986, elle était de l'ordre de 26 milliards de dollars ! *Cf.* Ahmed Dahmani. « L'expérience algérienne des réformes : problématique d'une transition à l'économie de marché », *Annuaire de l'Afrique du Nord XXXVII*, CNRS, 2000.

des bidonvilles, aux conditions de vie médiocres, à la devanture des grandes villes. Les islamistes y ont élu pour longtemps domicile, formant les poches de repli du terrorisme. Certes, l'embellie financière à l'entame des années 2000, favorisée par la montée en flèche des prix du pétrole, aurait transformé l'Algérie en immense chantier de construction, mais il n'en demeure pas moins que les dégâts soient déjà faits au niveau local. Le changement d'aspect des cités urbaines, la ruralisation sauvage des comportements, la délinquance, les trafics en tous genres en furent quelques-uns des symptômes. Mal apprivoisées, l'urbanité et la ruralité ont été dévitalisées de leurs caractéristiques propres (esprit d'hospitalité, entraide, courage, bonté) pour sortir, par effraction, de leur moule originel, en de graves phénomènes sociaux en milieu urbain : banditisme, sururbanisation anarchique, violences. En un mot, la ville comme espace du vivre-ensemble s'est sauvagement ruralisée, et le village dans la campagne s'est ensauvagé, à force d'être poussé à se citadiniser.

Les grands villages que sont les villes respirent à peine dans la bulle artificielle qui les étouffe. Celles-ci sont devenues de vastes dortoirs, où le civisme et la salubrité sont peu présents. Le surpeuplement et la promiscuité y ont effacé le charme, la tranquillité et la discrétion d'autrefois. Une présentatrice d'une émission culturelle, longtemps expatriée en France, répète souvent sur les ondes de la radio qu'elle se perdait lors de ses séjours d'été dans les rues d'Alger. Elle ne se reconnaît plus dans cette ville, la sienne, qui a perdu ses repères et son attractivité du passé : bidonvilles, piètre qualité de l'hôtellerie, climat d'insécurité, réseau de transport en mauvais état, et presque jamais renouvelé, et prolifération anarchique, en périphérie, de surfaces commerciales qui encombrent même les trottoirs...« Comment peut-on imaginer, s'emporte alors la journaliste à la fois nostalgique et coléreuse, une vie paisible dans un décor pareil ? »

Changement d'époque

Dimanche, 29 mai 2016

Aussi naïves soient-elles, beaucoup de questions sur la réalité de notre société devraient être sérieusement posées pour comprendre son mouvement, sa dynamique, ses aspirations futures. En première ligne, le recul de l'âge du mariage (30 ans pour les jeunes filles, 35 pour les jeunes garçons). [33]

Pourquoi les jeunes Algériens ne se marient-ils pas tôt comme avant ? Pourquoi y a-t-il, de plus en plus, de filles qui préfèrent parfois l'attente lassante du célibat et ses aléas (le regard désapprobateur et misogyne de la société) à l'engagement dans l'aventure du mariage ? S'agit-il d'une peur de l'avenir, d'un changement d'époque et de mentalité, d'une volonté d'autonomie et d'émancipation du cadre familial, de la mort symbolique du *« patriarcat traditionnel »* dans l'inconscient collectif ? Ou, seulement, de considérations purement matérielles : chômage, dégradation du pouvoir d'achat des ménages, coût élevé des frais de noces, inaccessibilité de la dot pour les plus modestes, crise de logement, le grand investissement financier que nécessite l'entretien du foyer et l'éducation des enfants ? Au croisement des raisons précédemment citées, et qui sont, pour la plupart, fondées, se profile une autre réalité difficilement

---

[33]Une enquête consacrée à la structure de la démographie algérienne menée en 2017, aurait conclu que les Algériens sont moins tentés par le mariage et une partie de ceux qui s'y engagent finissent par se séparer. *Cf :* https://www.ons.dz/IMG/pdf/Demographie2015.pd,

saisissable : le rapport tendu entre la tradition et la modernité dans le couple d'abord, puis le cercle familial et, enfin, la société.

Quel modèle l'Algérien veut-il imprimer à sa petite famille : oriental, occidental, traditionnel, conservateur, ou simplement un mélange contre-nature de genres ? Cette difficulté à décider, au départ, du choix de mode de vie à mener en couple justifie, le plus souvent, le haut taux des divorces ces dernières années.[34] Mais au-delà de ce triste tableau, le regard se dirige aussi vers le statut de la femme dans le microcosme social. Celle-ci a-t-elle vraiment la place qu'elle mérite ? A-t-elle acquis tous ses droits ou, au contraire, reste-t-elle à la traîne comme toujours ? Si je pose cette question, c'est parce que nombre d'Algériens *«mâles»* se sont inquiétés de la portée des réformes de l'année dernière favorables, de leur point de vue, aux femmes ![35]Et pour forcer encore la caricature, certains d'entre eux n'ont pas hésité à monter des vidéos satiriques sur les réseaux sociaux pour les critiquer et signaler une injustice à leur encontre. Qu'en est-il réellement ? En vérité, une telle confusion, fausse bien sûr, provoquera un enfermement dans le stéréotype

---

[34]Selon les statistiques de l'ONS, en 2017, le taux du divorce en Algérie est de l'ordre de 19.32% (un effectif de 65 637). Soit une augmentation relative de 5,3% par rapport à l'année 2016. En même temps, c'est pour la quatrième année consécutive que le volume des mariages enregistrés continue de décroître. *Cf* Nawal Imès, « Moins de mariages, plus de divorces », *Le Soir d'Algérie*, 2 septembre 2018.

[35]En 2015, de nouvelles lois renforcent les droits des femmes grâce, notamment, à la criminalisation des violences perpétrées contre elles en milieu conjugal. Fayçal Megherbi, « Nouvelle réforme du Code algérien de la famille », *Juritravail,* 10 Mars 2015.

machiste, faisant de la femme la concurrente potentielle de l'homme, et non plus son égale.

Les digues de la morale ne vont pas céder de sitôt puisque, d'une part, les lois n'accompagnent pas souvent l'évolution des mœurs de la société. Et de l'autre, le patriarcat a réduit en peau de chagrin les velléités de renouveau moderniste. Autrement dit, ce n'est pas la famille qui sécrète ses références propres, mais les autorités qui la poussent à en adopter d'autres.

Les plaies de la jeunesse

Mercredi, 29 juin 2016

« L'harga » est presque devenue, paraît-il, un effet de mode en Algérie.

Mais pourquoi un jeune de vingt ans craint-il déjà l'avenir ? Pourquoi n'a-t-il pas le cœur à l'ouvrage ? Pourquoi est-il pessimiste et ne peut guère s'amuser, profiter de la vie, consommer ses jours dignement dans la chaleur du giron familial ?

Quand on regarde tous ces jeunes qui rêvent de quitter leur pays, qui veulent s'en évader de mille manières, la pire d'entre elles, ils volent une barque pourrie ou empruntent de l'argent à une agence bancaire et prennent la mer en direction de l'étranger, on ne peut qu'être choqués.[36]

Les raisons pouvant expliquer ce phénomène sont variées. Accros au Net, la parabole et les réseaux sociaux, les jeunes se projettent vite, naïfs et pleins d'espoir, dans un ailleurs de merveilles qui les fascine. Ensuite, il y a l'appel d'air de la diaspora qui les trompe par nombre de fausses illusions comme par exemple : « l'Europe est un eldorado où l'on s'enrichit

[36]Il est impossible de quantifier de façon rigoureuse les tentatives de L'harga. Cela pour une raison toute simple : la migration en barque échappe aux statistiques ! Il est possible, au mieux, de reconstituer les grandes tendances à partir des chiffres relatifs aux personnes arrêtées durant une tentative de départ en barque, aux harraga morts ou disparus en mer, ainsi qu'à partir des chiffres concernant les arrestations et les expulsions de ressortissants algériens à l'étranger.

rapidement » ou « les pays occidentaux sont pourvoyeurs du confort pour tous ». Ainsi, l'aventure de la traversée leur semble fort passionnante et les vagues de la Méditerranée s'éloignent de l'image d'épouvante, relayée par certains médias.

Les jeunes rêvent de quitter leur pays parce qu'ils s'ennuient entre les murs de villes mortes et sans perspectives. Des villes qui ne les considèrent point, les négligent, leur volent et leur âge et leur patience, en ronflant de surcroît, vides la nuit, sans mouvement, sans distraction, sans ambiance, sans joie. Des villes qui respirent sans eux, tristes. Les jeunes citadins ont l'air de porter sur leurs épaules tous les chagrins de la terre. Ils moisissent, pour la plupart d'entre eux, dans le dénuement matériel, la pauvreté affective, les tabous, l'absence de sens à leur existence, la délinquance. Pour ceux des campagnes, pas de grande différence : l'horizon se limite au village, le point de chute est le balcon d'une cafétéria, le centre d'intérêt une partie aux dominos. Les uns comme les autres partagent une seule ambition : partir là où personne des leurs ne les voit, dans un lieu invisible, une métropole européenne située de préférence au fin fond du nord, anonyme, bondée de monde, gorgée de belles surprises, d'opportunités, de chances et de l'argent par pelletées...

Nos jeunes veulent partir pour échapper à l'injustice sociale et surmonter toutes les impossibilités du quotidien qui les astreignent à la marge, s'arracher à l'austérité, la misère, la résignation. Ils veulent partir parce que l'espérance est devenue lettre morte sous le toit de cette Algérie irrécupérable.

Ils veulent partir pour ne plus y revenir, jeter leurs racines derrière le dos, se construire dans un nouvel esprit des habitudes autres que les leurs. Partir pour travailler, avoir une vie tranquille. Partir pour ne jamais compter sur autrui pour survivre, pour ne plus avoir la honte d'être incapable de s'offrir un café ou de tenir un budget personnel. Partir, purée, pour espérer une vie digne, faite d'effort, du mérite et gagnée à la sueur du front ! Les jeunes veulent partir là où ils ne se sentent guère envahis par l'arrogance de rentiers aux gros ventres, là où ils peuvent goûter à la félicité sans les germes malsains de l'hypocrisie, la médisance, l'indiscrétion, les regards désapprobateurs de l'entourage, la hogra…

Dur, très dur quand un jeune n'a qu'un café pour lieu de loisirs, un marché aux puces pour usine de travail et un quartier où tout marche à l'envers pour point de chute !

Les jeunes veulent s'exiler parce qu'ils n'ont pas choix, parce qu'ils se sentent comme endettés à vie au nom d'un nationalisme d'un autre âge, étriqué, boiteux et hypocrite envers une patrie qui les a tous abandonnés sur le trottoir du non-droit, la déchéance. L'exil naît, écrit l'anthropologue Michel Agier, chaque fois que *« manque une place dans un monde commun.»* Et quand le sujet ne trouve plus sa place là où il vit, il perd sa relation aux autres, il se précarise, il s'efface. Ce qui entraîne inéluctablement la perte de son moi personnel, la dissolution de sa citoyenneté et sa mort symbolique.

C'est un scandale que d'être privé de ses droits, un atroce déchirement que de devoir quitter son foyer pour exister, ou acculé à jouer éternellement le rôle de l'absent dans les deux sens pour relayer ici l'expression du sociologue A. Sayad, c'est-à-dire absent dans la société d'origine, et peut-être même aussi dans celle d'accueil, en proie au racisme et aux discriminations.[37] En clair, il y a un seuil d'incompréhension, de souffrance et d'épuisement à partir duquel toute capacité de résistance, aussi forte soit-elle, peut cesser d'être possible.

L'exil est un départ qui signifie pour les jeunes Algériens une rupture avec tout ce qui les tire vers le bas et les empêche de s'accomplir. En perte de repères, ceux-ci se découvrent affreusement déroutés : les grands *«losers»* de la société. Un trajet d'existence brisé devient, la plupart des fois, un exil intérieur irrespirable où ces jeunes-là se déplacent dans l'espace mais ne possèdent plus de boussole, naviguant à vue, sans espoir. Ils sont hors-champs, hors-lieu, hors-vie. Ils sentent déjà la vieillesse les entamer avant terme. Ils sont dans la case des exclus permanents, prêts à tout pour s'en sortir, quitte à devenir des harraga.

Le vocabulaire de l'amertume qui vient des bas-fonds de la société s'étoffe, se colore du gris et prend du gras au fil des années. L'Algérie fabrique des déprimés qui ne savent guère où donner de la tête. Derrière la glace sans tain qui la borde, on ne voit que de la brume. L'ingratitude de la société envers ses enfants harasse, épuise, anéantit ! Enfermés dans la prison de la

[37]Abdelmalek Sayad, *La double absence : des illusions de l'émigré aux souffrances de l'immigré*, Editions Le Seuil, Paris, 1999.

souffrance, ces derniers résistent en désespérés à cette épouvantable force qui s'entête à les écraser.

Les Algériens, des râleurs d'un autre temps

Samedi, 16 juillet 2016

Cela ne sert à rien de crier sur tous les toits des opinions négatives qui font de l'Algérie une laide caricature, aux yeux du monde, juste pour le simple plaisir de critiquer.

D'un point de vue pragmatique, l'autodénigrement n'apporte rien au pays. Or, partout, les Algériens trouvent assez souvent une facilité déconcertante à se dénigrer, à se haïr, à se blesser les uns les autres, en s'autodétruisant moralement de l'intérieur et en réduisant à néant, sans raison apparente, les chances de voir leur situation s'améliorer.

Les miens se mettent à justifier le pourquoi de l'échec qu'ils subissaient, en puisant dans le registre du fatalisme des clichés du genre : *« ce peuple a ce qu'il mérite »*, *« nous ne pouvons plus rien faire » « les dés sont déjà jetés »* ou *« quoiqu'on fasse, le train ne se remettra plus jamais sur les rails* ! *»* Ils ont acquis cette habitude pitoyable des râleurs qui amplifient leurs défauts et minimisent leurs qualités. Pour leur grand malheur, ce *« potentiel-râleur »* s'est incroyablement accru au fil des années. Mais les Algériens manquent-ils de carburant patriotique parce qu'ils sont déçus par des élites qui leur promettent tout, mais ne font rien ? Ou, est-ce l'école qui, ayant trop vogué sur le chauvinisme, a fini par les déstabiliser, au point que, pour la jeunesse d'aujourd'hui, la direction du bonheur est plutôt désormais du côté de l'eldorado européen ? N'ayant pas su, paraît-il, se mettre en valeur, mes concitoyens ne font que répéter, inlassablement, les innombrables tares de leurs dirigeants, puis celles plus lointaines de leurs anciens colons, pour justifier leur sous-développement. Ce qui explique probablement le profond sentiment d'insatisfaction et du mal-être qui rejaillit, chaque fois qu'ils essaient d'entreprendre quelque chose de mobilisateur.

Faire le tour d'une ville de l'Algérie profonde renseigne sur les symptômes particulièrement maladifs de l'autodénigrement, qui propulsent les problèmes du pays dans une tout autre dimension : l'impossible changement ! Où se ressourcer quand les repères qui constituaient, autrefois, le fonds culturel dynamique du peuple sont vidés de leur substance ? Si elle n'y prend pas garde, l'Algérie aura à perdre dans l'avenir, ce qui reste encore de son capital symbolique, révolutionnaire, culturel. Les Algériens font face, avec hésitation, à des réalités inédites dans un contexte spécifique, caractérisé par le désengagement des élites, l'instabilité régionale, la chute des cours du pétrole, la maladie de Bouteflika et surtout une transition politique, pas facile à assumer sans crainte de tomber dans le désordre.

Cette Algérie qui s'endort

Jeudi, 22 juillet 2016

Quand un anonyme lit, par exemple, cette phrase de l'historien Frédéric Lacroix qui écrit en 1863 : « Quand le blé d'Afrique n'arrivait pas, Rome était affamée et le moindre retard jetait l'inquiétude dans le gouvernement et la population »[38], il en tombera rapidement des nues. Le désastre d'un pays comme l'Algérie qui représente aujourd'hui le juste contraire de ce que décrivait cet historien dissipe toute lueur d'espoir. Rien de plus choquant que de regarder l'état de son économie, l'absence de statistiques fiables, le mythe de *« la rente viagère »* des hydrocarbures, sa dépendance de l'agroalimentaire étranger, l'anarchie qui a gagné la conscience de ses élites, la gestion au jour le jour des biens publics, etc. Comment guérir le mal alors que l'on refuse de voir la réalité en face ? Comment espérer une voie de salut alors qu'il y a, à peine quelques années, tous les pays de la planète ont pris leurs dispositions afin de parer à une éventuelle accélération du rythme de la crise économique mondiale, sauf chez nous, où l'on prétendait, discours populiste aidant, que l'on en était à l'abri ? Incroyable et affligeant en même temps.

À défaut de désigner les coupables dans cette crise, ne faudrait-il pas, pour le moins, avoir l'audace de souligner les failles, non seulement du fonctionnement du système, mais aussi de toute l'architecture mentale de

---

[38] Frédéric Lacroix. « Colonisation et administration romaine dans l'Afrique septentrionale », *Revue Africaine*, Rubrique, N° 42, 1863.

l'Algérien ? Le temps presse, les problèmes s'accumulent et gangrènent une société impuissante qui se contente de subir un sort immérité.

« Et maintenant ?, écrivait il y a déjà quelques décennies le romancier Rachid Boudjedra, les villes s'étaient surchargées et s'enroulaient dans la mauvaise graisse des bidonvilles tandis que les terres irriguées par le sang étaient à l'abandon, les mosquées poussaient comme des champignons phalliques, la religion était récupérée par tout le monde, les rues se remplissent d'opportunistes, d'affairistes et d'arrivistes éblouis par la réussite fulgurante [...] et la corruption devient la loi générale [...] ».[39] Triste diagnostic que celui-là, on n'en trouvera jamais. Un diagnostic qui ne tire pas sa révérence à l'heure où je noircis ces lignes. À la frustration historique de l'indépendance s'ajoute la frustration idéologique du F.L.N et les partis-godillots du pluralisme factice qui l'ont suivi après 1989[40], puis, la frustration de la médiocrité et de l'incompétence *« le terrorisme administratif »*, diraient les plus pessimistes parmi mes compatriotes et, cerise sur misère, l'insatiable délire d'une jeunesse moralement détruite, mourante, irrécupérable. Les Algériens se sentent trompés et se rappellent au bon souvenir de *« l'odyssée des enfants de la Toussaint »*, quand les frères des espérances s'étaient tenu la main pour libérer leur patrie de l'emprise coloniale. Une odyssée exploitée, par la suite, à mauvais escient par leurs élites afin de justifier une pseudo-légitimité

---

[39] Rachid Boudjedra, *Le démantèlement*, Denoël, Paris, 1982.

[40]Environ une soixantaine de partis ont vu le jour, à l'ouverture du champ politique en 1989 !

révolutionnaire, ayant battu tous les records de longévité, même après l'ouverture au forceps du champ démocratique.

Il y a, à vrai dire, un énorme décalage entre la conception que se font les élites du *« fait révolutionnaire »* et celle à laquelle s'accrochent les masses populaires. Autrement dit, les unes et les autres recourent, en quelque sorte, à un tri mémoriel sélectif. Ce qui arrange leurs visions respectives de l'histoire (culture de *« leaders »* pour les uns et culture du *«héros impersonnel »* pour les autres). Outre ce conflit de visions, il y a aussi les effets de dissimulation, de récupération et de détournement des actes majeurs de l'histoire.

Or celle-ci, comme disait Chitour « n'est pas (...) un supermarché où on ne prend que ce qui nous intéresse ; elle s'apparente plutôt à une vente en gros où nous devons honnêtement prendre, à la fois les bonnes et les mauvaises choses, les événements qui nous mettent en valeur et ceux qui nous dévalorisent. »[41]

Si je parle ici de l'histoire, c'est parce que, de mon point de vue, son instrumentalisation outrancière a grandement participé, à notre insu, à toute sorte de dérives : nos cerveaux habitent le passé et se refusent, jusqu'à nos jours, à tout *« aggiornamento »* critique ou toute projection sérieuse dans l'avenir.

---

[41]Chems Eddine Chitour, *Algérie, le passé revisité*, Casbah éditions, Alger, 2004.

Réalité et illusions

Jeudi, 28 juillet 2016

Il n'y a probablement que le sommeil qui puisse permettre de trouver sinon du bonheur, du moins la tranquillité d'esprit et l'oubli, pour quelques heures, du malaise multiforme dont souffre l'Algérie. L'immobilisme et le défaitisme semblent s'accaparer la routine des Algériens. Mais serait-ce encore possible de sauter le verrou psychologique qui empêche ces derniers d'avancer ? Peuvent-ils rattraper un peu de lucidité qui leur donnera la certitude que la solution est en eux-mêmes, et non pas chez les autres ? Ne sont-ils pas, par-delà la crise qui les freine, dans la zone irréparable du *« déjà trop tard »* ? Enfin, à quand l'épilogue de cette fuite des cerveaux qui officialise l'hémorragie des forces vives de la nation ? Je pense, en écrivant cela à l'élan de solidarité, soulevé dans les réseaux sociaux, il y a à peine deux mois, suite à l'appel aux dons d'un célèbre chanteur de rap du terroir, afin de concéder une chance de poursuivre des études au Canada à la meilleure lauréate du Baccalauréat 2016.[42]

L'initiative est en elle-même généreuse, voire très louable, mais elle remet à l'ordre du jour la question de l'utilité et de l'efficacité du système universitaire algérien. À quoi bon l'école servira-t-elle, si sa crème part profiter à d'autres nations ? Nos gérontocrates sont-ils

[42] Il s'agit du rappeur algérien Lotfi Double Kanon qui a lancé une campagne de levée de fonds pour Kenza Oussalah, meilleure lauréate du Bac 2016.

prédisposés à tendre la main aux jeunes pour prendre la relève ? Pourquoi les laissent-ils partir, en les tuant symboliquement par leur indifférence ? À qui la faute de cette faillite généralisée ? À ces élites-là qui refusent des bourses d'excellence aux meilleurs étudiants, par crainte du non-retour des concernés, une fois habitués au confort de l'étranger, sans qu'elles ne réforment l'école ni n'encouragent la recherche scientifique ? Ou à ces citoyens qui, désabusés qu'ils soient de la piètre performance des temples du savoir, croient dur comme fer que le salut ne viendra qu'en dehors de l'école et de l'université ?

Le dilemme étant atroce ! L'université algérienne, en bas de l'échelle du classement mondial, est-elle en mesure de garantir à ces génies une formation dans les normes ?[43] En a-t-elle les moyens, le budget et les cadres formateurs ? Pas sûr, hélas ! Supposons maintenant que cette bachelière quitte le bercail, le cas de figure le plus probable, qui va garantir qu'elle allait y revenir ? Et si elle reste, qui va nous assurer qu'elle trouvera dans cette régression algérienne tous azimuts la meilleure réponse à ses attentes ?

---

[43] D'après le classement du journal britannique *The Time Higher Education* du 2019-2020, l'université algérienne est à la 602e place à l'échelle mondiale. *Cf:* https://www.dzairdaily.com/universites-algeriennes-classement-top-mondial.

Le dégoûtage comme marque de fabrique

Jeudi, 1 septembre 2016

Autres temps, autres mœurs, dit-on. Dans notre cas en Algérie, ce proverbe défraye la chronique dans le sens négatif du terme.

L'enthousiasme, l'engagement et la flamme pour le changement des jeunes qui nous avaient séduits hier, optimistes et volontiers mobilisés, contre le système du parti unique et la dictature *—je pense en particulier ici à la génération d'Octobre 1988—*, ne menacent-ils pas, aujourd'hui, de s'éteindre à petit feu ? L'Algérie perd de son énergie motrice à mesure que les années passent. Elle perd surtout de sa capacité à imaginer l'avenir et à fructifier les possibilités de son décollage. Un terrible coup de vieux subi en pleine jeunesse. Cette complainte n'étant jamais, à proprement parler, une vulgaire jérémiade, mais un constat qui coule de source. Nos jeunes ont tous les yeux rivés sur les consulats étrangers pour les visas, ou sont tout simplement adossés aux murs, rongés par le chômage, aux alentours des terrasses de cafés et de mosquées.[44]

Face à une autocratie tout près du crépuscule, mais plus soucieuse de l'allongement de son espérance de vie et des richesses à piller que de la relève générationnelle à produire, les jeunes se laissent facilement enivrer par les apparences trompeuses d'une société portée sur le culte

---

[44]*« Takoulni houta wa ma takoulnish douda »*. (Je préfère être dévoré par un requin que rongé par des vers), répètent les jeunes tentés par l'immigration clandestine dans les quartiers pauvres d'Alger.

aveugle des faux riches. Ils répondent aussi, comme en écho pavlovien, aux appels d'air de la diaspora, ses invitations au départ et le grand large, attirés par les mirages ensorceleurs de l'exil. Leur vie est *« végétative »*, faite de précarité et de débrouille, dénuée d'amour et d'idéal. Ce qui exaspère, c'est qu'ayant pourtant tant besoin de vivre à l'abri de la honte et de la hogra, ces jeunes-là deviennent parfois mal dégrossis à force d'être incapables de communiquer, autrement que par l'invective, l'insulte, les coups de gueule, la diffamation.

Produit d'une école noyautée, ils sont les souffre-douleur d'une machinerie sociale grippée et en perte de vitesse. Qui plus est, parasitée par la pression sociale. Autrement dit, les jeunes sont livrés à eux-mêmes, en proie à la contagion épidémique de l'indifférence alors que la solution est à portée de main.

De l'amour « made in Algeria »

Samedi, 10 septembre 2016

L'été version 2016 a été pour le public algérien l'occasion d'être pris par l'émotion qu'a suscitée le tristement célèbre feuilleton d'amour d'Ikram et Abdelkader.[45]

Les deux jeunes tourtereaux qui, juste après une lune de miel passée aux États-Unis où séjourne ce dernier, ont raté le chemin vers le nid de l'union sous le même toit. Une histoire de vie privée vite mise au-devant de la scène, engendrant du *« buzz »* médiatique parmi la jeunesse, la blogosphère, les réseaux sociaux, la presse. Du coup de foudre pour la femme pieuse et voilée *« Ikram »* qui pleurait à la seule évocation du nom du prophète de l'islam avec des centaines de *« likes »* sur son profil *« Facebook »* à cette image, pour le moins poignante, d'un mari *« Abdelkader »* au bord de la déprime, rongé par le sentiment d'être à la fois volé et trahi par cette même femme qui est, paraît-il, arnaqueuse, dévergondée et infidèle, qui devons-nous croire ?

Ainsi, les esprits convergent vers les mêmes questions : des histoires à l'eau de rose peuvent-elles exister chez nous? Les Algériens sont-ils capables d'amour ? Comment regardent-ils la femme ? Quelle est

[45] Le feuilleton d'Ikram et Abdelkader, comparable aux scoops de la téléréalité, a rythmé, par chaînes de télévision interposées, la saison estivale de 2016 !

l'influence de la religion dans leur représentation mentale des rapports entre les deux sexes ? Notre société est-elle conservatrice, misogyne, moderne, le tout à la fois, un mélange ? Qu'est-ce qu'un bon conjoint aux yeux de la femme algérienne ? Et qu'est-ce qu'une fille de bonne famille pour ce dernier ? Quelle est la place de la virginité, des mœurs et de la bonne conduite chez certains qui se déclarent conservateurs et vice versa ? Eh bien, aucune réponse du tout !

Nous pouvons même prétendre, avec un zeste d'ironie en plus, que ce *«thriller»* de noces ratées, de sentiments contradictoires, de fugue, de tromperie et de polémiques prouve que la société a changé d'âge sans qu'elle ne mûrisse son âme. Entre ceux qui croient à l'amour pur et pieux dans une société de tabous, où le retour du refoulé peut faire des ravages et les autres qui s'attachent, eux, à l'amour libre, émancipé et sans freins, il n'est de place que pour la machine du virtuel. L'amour avec un grand *«A»*, l'amour avec pudeur et sans fards est bien loin de correspondre aux relents du matérialisme qui ravagent les mentalités chez nous.

Les garçons et les filles de mon pays qui rêvent encore aux idylles de *« Antar et Abla »*, *« Roméo et Juliette »*, ou même au poème de Ben Guittoun qui célèbre la mémoire de la belle *« Hiziya »*, pleurée par son amant, en seront pour leurs frais.[46] Cet amour à vie qui a la beauté de l'insaisissable, qui porte sur ses ailes le charme de l'aventure, le don de soi, le sacrifice et l'innocence semble les avoir désertés à toutes jambes.

[46]L'épopée « romantique » de Hiziya, est très célèbre dans le Grand Sud.

Qu'il est lointain cet amour du bon vieux temps de nos parents : simple mais inimitable, discret mais joyeux, muet mais trop expressif, pudique mais combien chaleureux.

Cet amour qui éveille à l'intelligence des cœurs, qui est avant tout plongé dans l'intime de l'autre, partage, convivialité, respect, fidélité, sagesse. L'abbé Bernard de Clairvaux (1090-1153) a dit un jour que : *« la seule mesure de l'amour, c'est d'aimer sans mesure. »* Les Algériens, de nos jours, peuvent lui rétorquer, à l'instar d'Ikram et Abdelkader, que *« la seule mesure de l'amour, c'est de compter sans mesure »*. Compter l'argent de son prétendant au mariage, le nombre de ses voitures, ses villas, ses comptes en banque, ses passeports. L'amour s'est matérialisé, la société s'est aliénée, les regards sont tournés vers le culte des gros ventres, et les valeurs ne sont rien d'autre que des péchés mignons dont tout un chacun devrait se débarrasser, au plus vite, pour se conformer à la médiocrité ambiante.

Un peuple qui ne lit pas s'appauvrit

Mercredi, 28 septembre 2016

Le problème n°1 des masses, en Algérie, vient du fait que celles-ci se laissent affaiblir, de jour en jour, par le poids de la routine sans s'en rendre compte.

Je pense, en écrivant cette première ligne, à l'absence de la lecture dans les espaces publics. Absence combien criante qui souligne en creux la mort à petit feu de la conscience citoyenne. Notre drame culturel se passe de tout commentaire : les cinémas, les théâtres et les musées, si tant est qu'il en reste certains, souvent en mauvais état, sont rarement visités par les citoyens ; les librairies ne sont que des locaux aussi sombres que vétustes qui se vident au fil des années ; les kiosques sont transformés en dépôts de boissons et de tabac. Et les journaux ? Bien qu'ils ne coûtent pas les yeux de la tête, sont de moins en moins achetés ! Ajoutés à la rareté des débats contradictoires, ces manques ont débouché sur un désert culturel. Dommage ! Même l'internet et les réseaux sociaux qui peuvent offrir un agréable appui à la culture n'y ont rien redressé. Mais qu'est-ce qui nous arrive ? Sommes-nous à ce point touchés par ce somnifère de la rente ? Ou est-ce l'effet de l'oralité qui avait pris déjà un considérable ascendant dans l'histoire de notre société ?

Un internaute algérien a fait récemment une remarque des plus pertinentes. Les nombreux amis virtuels qui commentent d'habitude ses posts sur son profil *« Facebook »* préfèrent davantage les photos aux écrits. En conséquence, ses publications (des créations en prose et en poésie) sont peu *« likées »*, peu suivies et très peu commentées. Frustration et indignation s'ensuivirent aussitôt. N'ayant pas pu digérer son inquiétude quant à l'avenir de la lecture-écriture face à la culture envahissante du virtuel, il s'est posé alors la question suivante : *« Pourquoi lit-on de moins en moins en Algérie ? »* Complexe et profond, le problème tient à plusieurs facteurs, à vrai dire. En premier lieu, l'éducation dans le cercle familial. Combien y a-t-il de couples qui offrent des cadeaux-livres à leurs enfants ? Pas beaucoup certainement.

Poursuivant son réquisitoire, l'internaute s'est indigné, de façon ironique, du fait que des grandes armoires en forme de bibliothèques soient consacrées par la plupart des foyers algériens à la préservation des ustensiles de cuisine, au lieu de servir pour des livres. Puis, l'éducation à l'école ne donne pas trop d'importance à la lecture, aux activités de l'esprit et aux arts en général. Enfin, la rareté des bibliothèques municipales et de proximité a creusé un énorme vide dans les mentalités. L'oisiveté ainsi que le spleen ont chassé toute envie de connaissance et de découverte. « Dans les bibliothèques universitaires, écrit l'internaute en ironisant, les étudiants "*tchatchent*", parlent fort mais lisent de moins en moins. C'est, peut-être, le malaise dont souffre le pays qui se répercute fatalement sur tous les aspects de notre vie. » Résultat : l'Algérien est moins friand de la lecture, même en comparaison avec ses voisins maghrébins.

Le degré supérieur de la lassitude

Mercredi, 12 octobre 2016

Que pouvons-nous dire quand on est dans cette foule anonyme qui n'assume point son quotidien, dans la masse des usagers du service public, confrontés à la bureaucratie administrative, parmi ces jeunes déçus qui se bousculent, pour les visas, aux portes des consulats étrangers, parmi la cohorte des chômeurs dépités, atteints par l'envie maladive de partir ailleurs ? Que pouvons-nous dire quand on fait partie des *«hittistes»*, renfrognés derrière les fausses promesses de leurs élites ? Que pouvons-nous dire de tous ces citoyens affaissés sous le poids d'une actualité qui ne bouge plus ? Sinon que ces derniers ne sont rien que des recalés d'un système qui leur a tourné le dos.

Que c'est dur de voir poindre la peur immense de l'inconnu et de vivre ainsi en prévoyant le pire, toujours le pire, la fin des rêves, l'extinction des espérances et l'amorce de la grande désillusion d'un pays qui agit peu, rêve un peu moins ou presque, distribuant à ses enfants avec parcimonie des miettes d'une rente pourtant combien abondante !

Que c'est dur pour chaque Algérien de commencer sa journée en mode lamento, dénonçant avec la même hargne les tracas, les gênes, les tourments, les contraintes et les exaspérations qui le poussent au mieux à être nerveux, au pire à attraper une déprime chronique. Que pouvons-nous dire de ces villes, devenues encombrées et encombrantes, pour les esprits ? Pavés pleins de trous, dos d'âne, nid-de-poule qui jonchent les routes, embouteillages acrimonieux, même en dehors des heures de pointe...

Que pouvons-nous dire des réseaux sociaux qui dévorent le temps déjà mort d'une jeunesse désargentée et sans ailes, de la sensation de perdition d'une société qui ne sait guère aborder son chemin vers la modernité ? Que pouvons-nous dire du peu de sourires, des regards mélancoliques sinon vides de beaucoup de jeunes filles devenues, malgré elles, otages d'une société misogyne, qui voit dans chaque femme travailleuse une menace pour le couple et la famille ? Que pouvons-nous dire, enfin, quand on habite un village, dans cette Algérie périphérique, enclavé, livré aux orages d'hiver et aux canicules d'été, coupé du monde, sans transports en commun ni commodités ni lieux de loisirs ?

Les jeunes Algériens : des sans-dents

Mardi, 11 novembre 2016

Loin d'être élogieux, le vocable de *« sans-dents »* est utilisé en Hexagone, comme une offense péjorative à quiconque de trop précaire, laissé-pour-compte et fardeau social sur les épaules du contribuable. Voire un sans-ambition, crève-misère, sans-projet, sans-espoir, bras cassé. Bref, *« un cas soç de la République »* que l'on devrait prendre en charge en permanence ! Par contre, le seul fait d'avoir des dents à l'intérieur de sa bouche porte à croire à toute autre chose, à savoir qu'on est toujours jeune, vif, plein d'énergie, utile pour le fisc, la famille, les parents, les amis, le quartier, l'État, la nation...

La sémantique des sans-dents varie, toutefois, d'un pays à un autre. Si un quelconque responsable algérien y recourt, par exemple, pour stigmatiser dans une allocution publique, une catégorie sociale « défavorisée » de la société, cela prêtera vite à rire. Mais pourquoi ? Car c'est, incontestablement, ce même sans-dents qui a, chez-nous, tous les privilèges : une auréole révolutionnaire qui le protège des abus des administrations publiques *« trop bureaucratiques »*, un statut social enviable, un gros ventre, un appétit vorace, une richesse inestimable en or, en argent et en immobilier, des pulsions d'on ne sait quelle nature qui dépassent les normes, une libido très forte comme dopée par le viagra, des ambitions qui cassent des pierres, et même des rochers. Il vaudrait mieux, en conséquence, n'avoir guère de dents en Algérie pour dévorer la vie à belles *« dents »*, profiter des largesses du *« Système »*, grignoter dans les caisses de l'Etat, faire illégalement usage des biens de la collectivité, autant dire, gâcher la vie à ses concitoyens, tout court.

Tout se digère et s'avale facilement à cet âge-là. Juste, il suffit de savoir comment manipuler une petite dose de salive dans sa bouche pour bien rouler les mots, les tourner, puis les éjecter dehors en mille slogans populistes et pompeux à l'attention de ces jeunes paumés qui possèdent tous, pourtant, des dents mais qui n'en ont aucune de valable ! Il semble que la dent n'est, en fait, qu'un supplément inutile dans l'anatomie de l'Algérien. Elle ne sert à rien sauf à l'esthétique du visage. Les médecins ont prouvé, d'ailleurs, que dès lors que l'on perd nos dents, la bouche s'élargit et devient trop béante. Comme un silo, dans lequel on jette tout ce qui nous plaît de précieux, sans que l'on soit toujours sûr qu'il en est plein. Comble d'ironie, même les maladies n'atteignent jamais « nos » édentés ! On dirait qu'ils ont un système immunitaire fabriqué dans un laboratoire de Martiens !

La crise de confiance

Mercredi, 16 novembre 2016

Qui ne se souvient pas de l'ambiance euphorique du début de la série télévisée américaine *« Lost »* ? Là où plusieurs dizaines de survivants au crash d'un avion, reliant Sydney à Los Angeles, avaient inventé un système économique de subsistance à petite échelle.

Seuls, sur une île du Pacifique, apparemment déserte, et dans l'attente des secours qui tardaient à venir, ils n'ont eu aucun autre choix devant eux pour s'en sortir, sauf celui de se serrer les rangs et de s'entraider. En se côtoyant pour la première fois dans cette situation extrême, ils sont amenés à organiser ensemble tous les aspects pratiques de leur vie, sans aide extérieure. Ils ont troqué leurs affaires, fabriqué des logements de fortune et collaboré de très près entre eux pour trouver de quoi se nourrir. Si cette communauté du hasard avait fini par fonctionner, c'est qu'après les moments de doute, ses membres auraient réussi à établir peu à peu des relations de confiance pour surmonter leur peur. Sans cette denrée vitale, toute construction sociale est vouée naturellement à l'échec.

Confucius (551-479 av. J.-C.), lui-même, a fait de la confiance un élément pivotal, autrement plus indispensable à la nation que l'armée et la finance. C'est cela qui nous manque aujourd'hui, en Algérie ! On assiste à la perte des liens collaboratifs entre le peuple et ses élites, à une grandissante suspicion qui fragilise les institutions, les universités, les hôpitaux. Le fossé entre ceux d'en haut et ceux d'en bas est tel que toute projection futuriste se dessine dans la fumée lacrymale des émeutes.

« J'ai supprimé le sénat et j'ai utilisé les fonds alloués à cette institution pour construire cette centrale, car mon peuple a plus besoin d'électricité que de sénateurs qui ne servent à rien ». C'est ce qu'aurait déclaré le président sénégalais Macky Sall, lors de l'inauguration d'une centrale solaire photovoltaïque, qui doit alimenter près de 9.000 ménages à Bokhol, au nord-ouest du Sénégal.[47]

Si l'on veut bien transposer son message dans la réalité algérienne, cela peut se traduire ainsi : il vaudrait mieux être un simple membre d'une association caritative qui agit au quotidien pour l'intérêt général de la population qu'un sénateur qui s'accapare des privilèges sur le dos du peuple, en s'endormant sur son siège, ou en s'absentant des séances plénières des chambres législatives ! L'anecdote d'un ex-représentant du peuple qui, bien avant son accession au parlement, avait promis monts et merveilles aux habitants d'une localité enclavée de l'Algérie profonde et qui, une fois élu, aurait subitement disparu des radars, nous fournit plein de leçons utiles sur cette notion de confiance. Arrivé le temps d'une nouvelle mandature, l'ancien député revient, toute honte bue, pour entonner la même chanson, tricotée, cette fois-ci, sous les habiletés d'un langage hypocrite, afin de mieux gruger son électorat. N'eût été son sang-froid et son agilité, il aurait pu finir, peut-être,

[47]L'inauguration de cette centrale photovoltaïque à Bokhol, a eu lieu en 2016.

lynché sur la place publique, par des citoyens en colère, ravagés par un rare sentiment d'abandon.

Une chose étant sûre : dans toutes les élections qui ont eu lieu, jusque-là, en Algérie, la plupart des représentants du peuple ne se rendent pas compte que le temps galope et que, s'ils font le gros dos, cela retombera sur eux. Ils oublient, souvent, qu'ils ne sont pas (seulement) là pour percevoir des salaires mirobolants, des primes et des indemnités, en hochant tout le temps la tête, les mains levées en signe d'acquiescement aux décisions de l'exécutif, mais (aussi) pour peser, en pôle solide d'alternatives, dans les débats à l'Assemblée. À quoi ça sert un député qui ne défend pas ses compatriotes ? Qui ne va pas sur le terrain ? Qui ne rédige pas des rapports ni ne consulte la base militante de son parti ni moins encore celle de ses électeurs? Qui ne presse pas le gouvernement d'agir et de répondre aux revendications citoyennes ?

Chroniques 2017

À la croisée des chemins

Dimanche, 8 Janvier 2017

Les Algériens sont-ils heureux dans leurs foyers ? Mangent-ils toujours à leur faim ? Disposent-ils de moyens conséquents pour se permettre, de temps à autre, des vacances en Tunisie, ou même sur les plages de Béjaïa, les sites du Tassili ou du Djanet au sud ?

Comment vit un couple de jeunes mariés à Bab El Oued ou à Aïn Benian, dans la banlieue algéroise, à Koléa, Oran, Mascara ? De quoi son quotidien est-il fait ? Comment gère-t-il son budget avec la hausse des prix des produits de première consommation, l'austérité, la cherté de la vie ? Comment regarde-t-il les rentiers ? Pourquoi les Algériens, jeunes ou vieux, veulent-ils tous partir ailleurs, s'exiler, quitter leur patrie ? La détestent-ils autant ? Ou n'est-ce là que l'effet du dégoût provoqué par une Algérie fermée, sinon recroquevillée sur elle-même, faute de mobilité et de mouvement ? Que se passe-t-il dans leurs têtes ?

À entendre les Algériens, rien ne va. Absolument ! Aucune chose ne fonctionne*« normal »* dans ce bled qui leur tourne le dos comme une marâtre, tout le temps mécontente d'une progéniture qui ne lui appartient pas *« de fait »*, mais à laquelle elle doit *« de jure »* protection et sauvegarde. Ce normal-là n'est, de surcroît, qu'une invention linguistique qui agrémente le dictionnaire du terroir, combien rempli de néologismes fantastiques. « Bien qu'on fasse souvent appel à lui, "ce normal" ne se trouve nulle part chez nous », ironise un des jeunes

Algériens que j'avais croisé un jour dans une ville hexagonale, les yeux malicieux, la bouille tranquille et les cheveux déjà grisonnants, entamé qu'il est par les morsures d'un exil dont il n'a jamais voulu.

Pour lui, les Algériens sont des êtres anormaux qui normalisent et *« dénormalisent »*, matin et soir, les choses à leur guise, comme s'ils sont atteints d'un syndrome de bipolarité. « Et l'Algérie ? », l'interrompis-je avec une discrète douceur : « à laisser et à oublier parce qu'irréformable, inchangeable, irrécupérable ! ». A-t-il raison ou non ? On n'en sait rien ! Mais, il est à noter que, de la mairie à l'hôpital, de la rue au foyer, de la maison de la culture au tribunal, des cinémas transformés en pizzerias aux jardins publics désertés pour nuisances et insalubrité, tout sent le pourri ! Quand, de leur côté, beaucoup d'Algériens sont comme des silos gourmands, insatiables, insatisfaits. Eternels râleurs qui se plaignent toujours de leur sort, sans qu'ils ne bougent le petit doigt pour agir. « Un Algérien, termine cet ami du hasard en guise de conclusion, est conscient dans sa folie sans qu'il ne soit conscient qu'il est en folie ! C'est une bouche ouverte, prête à crier, critiquer, fulminer, donner des ordres à tout le monde, sauf à son bras qui reste…, cassé ».

La plainte permanente

Samedi, 11 février 2017

Que c'est dramatique de constater que les Algériens ne font presque rien pour que les choses changent sérieusement. Ils sont comme installés, les bras croisés et le cerveau mis en veilleuse, dans la plainte permanente.

On entend partout le bruit de leurs cris, mais pas celui de leurs actes. On entend ceux qui critiquent mais pas ceux qui proposent, ceux qui saccagent les biens publics mais pas ceux qui ont envie de construire, ceux qui fuient mais pas ceux qui restent pour résister, ceux qui désespèrent mais pas ceux qui donnent de l'espoir à une jeunesse, assoiffée du changement. Quant à l'élite, elle ne fait que profiter des privilèges, puis parler sans agir ni réagir. Le citoyen est réduit à un incorrigible râleur, guidé par des humeurs soudaines, face à des rentiers bavards, au gros ventre, sans conscience ni scrupules. La collision entre les deux profils dans le tunnel du mépris et de l'incompréhension a accouché du malheur de la collectivité.

Le brouillard étant, à ce qu'il paraît, planté à jamais dans un côté comme dans l'autre du champ de vision. Ayant mal digéré cette fausse représentation des choses, l'Algérien ne peut plus se regarder avec lucidité de l'intérieur, ni regarder son prochain, la société, la nation, l'avenir. Or, « la seule révolution possible, pour reprendre les mots d'un célèbre artiste, c'est d'essayer de s'améliorer soi-même, en espérant que les autres fassent la même démarche ».

Au fil des années, cet Algérien-là est ramené à survivre au jour le jour, ne pensant qu'à sauver sa petite personne—*la mentalité de « selek ra'ssek » (sauve ta tête) —*, comme dans le récit mythique de *« Djeha »* [48] qui, indifférent au départ aux flammes qui ravagent son douar, se trouve cependant sur le qui-vive une fois qu'elles le menacent lui-même ! Sinon, comment expliquer tout ce gâchis ?

Pourquoi plus rien ne bouge chez nous ? Pourquoi aucun bilan n'est positif, que ce soit dans le domaine de la santé, la culture, l'économie, le football ? Pourquoi l'Algérie perd-elle ses compétences, qui courent à toutes jambes au portillon de l'exil ? À quand la fin des discours démagogiques ? Et quels discours, quand on sait qu'aucune stratégie n'est mise en avant, ne serait-ce que pour apaiser les ennuis quotidiens de nos compatriotes, lesquels affrontent la crise à mains nues ? À l'approche de chaque élection dont plus personne n'attend de miracle, certains spéculent déjà sur l'envolée du taux du boycott, la fracture du tissu social, le décrochage et la violence scolaire, le recul du civisme, la mort de la morale, les tentations séparatistes en Kabylie, la fameuse *« main de l'étranger»* [49] qu'on n'a jamais réussi à couper, quand d'autres se délectent sur les réseaux sociaux des vidéos de quelques députés ukrainiens jetés par des foules en furie dans les poubelles ! Ultime sanction qu'ils

[48] « Djeha » ou « Djoha » est un personnage légendaire, connu dans la tradition orale maghrébine et les récits enfantins.

[49] « Hizb França » (le parti de la France), tel est le slogan qui sort des officines obscures du régime, relayé par ses médias, à chaque fois que le peuple manifeste sa volonté de changement démocratique.

souhaitent à tous ces élus opportunistes qui ne pensent qu'à s'en remplir les poches et partir.

Et si c'étaient eux ?

Mercredi, 22 février 2017

On ne saurait être que particulièrement touchés par la magnifique scène du film *« Erin Brockovich, seule contre tous »*, réalisé en 2000 par le producteur américain Steven Soderbergh.

Profitant d'une réunion avec quelques sociétés que des clients protestataires avaient accusées de contaminer les eaux potables de la ville de Hinkley, en Californie, l'héroïne, autodidacte de son état, apporte entre ses mains un verre d'eau contaminée par des rejets toxiques et le propose, à la surprise générale, à une poignée de patrons bouffis d'orgueil. : « Vous prétendez, se moque-t-elle avec malice, que cette eau est parfaitement saine à boire ? Ok, alors buvez ça ! » À peine le verre fut-il posé sur la table, les mines commençaient à se renfrogner. Médusée et scandalisée, l'assistance détournait son regard ailleurs, comme opposant une implicite fin de non-recevoir à la proposition de la brave dame. Cela s'appelle, tout court, en diplomatie : *« un renversement de rôles »* ! L'affaire révélée, depuis, aux médias, la militante écologiste a réussi en 1993 à avoir gain de cause, obtenant des dédommagements conséquents qui auraient été versés à chacune des victimes de ce scandale de pollution.

En Kabylie, les anciens ont l'habitude de recourir à une métaphore similaire, celle des gens qui blessent à dessein les autres en plein œil, le cas de ces patrons-là, mais qui ne veulent cependant jamais qu'on leur fasse pareil ni, du moins, reconnaître leur méfait. Et si la situation s'inverse ? En termes plus clairs, et si c'étaient les arroseurs qui seraient arrosés, à leur tour ? Morale de l'anecdote : ce n'est que lorsqu'on se sent mal qu'on comprendra l'ampleur du mal qu'on a causé aux autres. Ce qu'illustre, d'ailleurs, ce dicton tiré directement du dialectal : *« Mayeh's bel'djemra ghir li k'watou »* (ne sentant la braise que celui qui marche dessus). Inversons maintenant les rôles et appliquons la modique recette d'Erin Brockovich sur n'importe quel ministre en Algérie. Invitons-le ou proposons-lui de remplacer, ne serait-ce que pour quelques jours, un citoyen lambda qui vit avec sa femme et ses quatre enfants dans un F3 à Bab Azzoun à Alger. Qui plus est, ne bosse pas ou très peu, puis, sort leur acheter dans un marché de détail voisin un kilo de sardine, un autre d'ail, deux kilos de patates et, enfin, une livre de foie pour un proche malade —*j'évite de rappeler les prix de ces produits de peur de susciter le dégoût de quelques lecteurs*—. Sûrement, notre ministre, longtemps *« optimiste »* quant aux perspectives économiques du pays, sortira aussitôt vite de ses gonds et commencera à râler, comme la plupart de ses compatriotes, à qui son gouvernement avait conseillé le plus normalement du monde de *« serrer la ceinture »*,[50] d'être patients et armés de courage pour surmonter la crise.

C'est qu'il ne verra ni ne subira le poids de cette crise-là sur les siens que le jour où elle l'aura directement

---

[50]Ironie du sort, dans l'un de ses discours-fleuve, l'ex-Premier ministre Abdelmalek Sellal, actuellement incarcéré pour corruption, aurait conseillé tout simplement aux citoyens de « se serrer la ceinture » face à la crise !

touché, lui-même. Il est évident qu'un tel scénario qui aurait un peu moins de 10% de chances de se produire en Algérie, se trouve être le quotidien de tous les Uruguayens qui, eux, sont heureux de constater que leur président Pépé Mujica renonce même, simple et modeste, à son salaire, vit dans sa propre ferme, refuse les honneurs, serre la main de tous ses concitoyens, les soutient, les aide et partage leurs problèmes. Quel contraste !

Autres temps, autres réalités

Jeudi, 30 mars 2017

« C'est à Bijaya (la ville actuelle de Béjaïa), écrit au XIIe siècle l'historien géographe Al-Idrissi (1100-1165), dans un célèbre ouvrage *«Nûzhat al-muštāq fikhtirâq al-afâq»*, [51] que sont entreposés des ballots et que sont vendues des marchandises pour des sommes colossales. Dans ses campagnes et exploitations agricoles, le froment, l'orge, les figues et tous les autres fruits, sont cultivés en quantités suffisantes pour la consommation de plusieurs pays ».

On peut s'arrêter juste à cette dernière phrase pour la mettre directement en rapport avec notre actualité, où la majorité des Algériens semblent confirmer tout à fait l'inverse ! L'historien Al-Idrissi n'en était pas resté là, puisqu'il avait dressé presque le même portrait d'Alger, la Mitidja, Jijel, Sétif, Miliana, la Calle, Relizane, Mazouna, Mostaganem, Mascara, Nedroma, Tiaret, les Oasis et les cités du Sud, Biskra, Ouargla, Sedrata, Tolga, M'sila.

Dans une autre saisissante description de Cherchell, il ajoute sur une note pleine d'admiration, ce qui suit : « …elle a de l'eau courante, des puits bien alimentés en eau agréable au goût, des beaux fruits en grande quantité, des coings de gros calibre, avec une encolure semblable à celle des courgettes et constituent une des

---

[51] *Le Maghreb au XIIème siècle de l'hégire-* « Nuzhat-al-Mushtaq », traduction de M. Hadj Sadok, OPU. Alger. 1983.

étranges curiosités. La description n'est pas encore terminée, l'auteur poursuit : « elle a enfin des vignes et certaines variétés de figuiers (…) les habitants élèvent du gros bétail, de nombreux ovins, beaucoup d'abeilles (…) ils ont du froment et de l'orge en quantités supérieures à leurs besoins ». Quel extraordinaire monde ! Et parler encore ici de la Numidie qui fut, aux temps anciens, de l'aveu même des historiens romains tels que Salluste (86 av. J.-C. -35 av. J.-C.) et Tite-Live (59 av. J.-C.- 17 ap. J.-C.) *« le grenier de Rome »* et de cette Algérie qui exportait du blé vers la France, de longues décennies durant, avant d'être colonisée en 1830, rendra, sans aucun doute, n'importe quel Algérien nostalgique !

Tout est résumé à propos d'un pays riche en terre, mais laissé en jachère par ses propres enfants. Un pays où, les oranges et les pommes sont devenues, à présent, presque un luxe, où, si un bateau de marchandises n'accoste pas au port de cette ville de Béjaïa ou ailleurs à Alger ou à Jijel, les Algériens risqueront d'avoir des ruptures de stock et des pénuries lourdes de conséquences.

Et si c'était chez nous ?

Samedi, 10 juin 2017

La journée fut agréablement ensoleillée, des brises calmes annonçaient l'arrivée de l'été. J'étais dans une librairie hexagonale quand une foule nombreuse, toute curieuse de gens se pressa autour des tables « Nouveautés », « Prix littéraires », « Meilleures ventes », « Sélection lectrices », installées aux abords des portes d'entrée. Certains d'entre eux butinaient dans les rayonnages dévolus aux classiques de la littérature, les romans étrangers et les polars, d'autres fouillaient dans un tas de journaux, de revues scientifiques et de recueils de poésie...La librairie grouille de têtes. Elle ressemble à une ruche d'abeilles, où tout sentait le miel et le nectar des roses.

À la recherche du plaisir des mots, les fans de la lecture tentent d'y trouver difficilement de la place pour étancher leur soif, tellement l'affluence était dense. Au milieu, un bonhomme tout sourire avec une jolie cravate et des lunettes signait ses livres dans une heureuse complicité avec ses lecteurs. L'ambiance y fut conviviale entre des femmes ainsi que des hommes de tous âges et de tous horizons, venus puiser du savoir avec une avidité qui m'avait rendu, l'espace d'une demi-heure, très pensif. La raison en est que je me suis rappelé l'état lamentable du marché des livres en Algérie. Nos librairies qui se vident, se dégradent de jour en jour, ou se transforment en locaux de commerce pour les pizzas ou *« la calentita »*, les miens qui ne peuvent plus, faute de sous, se permettre le luxe d'acheter un livre, et s'ils en ont, ils préfèrent les consommer dans bien d'autres choses.

Que représente un livre pour un Algérien ? Rien ou peu de chose ! Puis, avant d'aborder le sujet des livres, parlons d'abord des journaux qui n'arrivent guère à s'imposer dans le quotidien des gens. Mais pourquoi l'Algérien ne lit-il pas ou si peu ? Pourquoi n'achète-t-il pas des livres et des magazines ? Pourquoi cette tendance à régresser prend-elle de l'ampleur ? Est-ce vraiment un problème d'argent, comme souligné en haut ? Ou l'Algérien ne fait-il que subir les répercussions du poison de la rente ?

Outre ce dernier aspect, il convient de préciser que, quand un couple marié offre un livre en cadeau à son enfant, il nourrit sa curiosité et le pousse à la découverte de la lecture. Or, combien de gens agissent-ils de la sorte chez nous ? A-t-on fait des enquêtes d'opinion pour mesurer la place prise par la lecture dans la famille et la société ?

Selon une étude de Emrhod Consulting (un bureau d'études de marché nord-africain), menée en marge de la foire internationale du livre, tenue en Tunisie entre le 25 mars et le 03 avril 2017, la lecture n'est pas la priorité n°1 des Maghrébins en général, encore moins des Algériens. En Tunisie par exemple, un pays culturellement nettement en avance par rapport à l'Algérie, au moins depuis le début des années 1980, 75% des sondés ne possèdent pas de livres chez eux, exception faite des livres scolaires et du Coran, 82% n'ont pas acheté de livres les douze derniers mois et 77%

des Tunisiens n'ont pratiquement lu aucun bouquin au cours de la même période. [52]

Un de mes amis tunisiens n'a jamais pu cacher son étonnement, voire sa consternation, en comparant les marques de voitures flambant neuf qui circulent dans les rues de Tunis à celles plus modestes à Paris, pourtant plus développée « mes compatriotes ont l'esprit trop matérialisé », me dit-il d'un ton résigné, « en descendant la dernière fois à Tunis où j'habite, j'ai remarqué le manque de la lecture dans les universités, le vide dans les discussions familiales, le culte fou du paraître, l'argent qui achète tout, même l'humain, l'absence de compassion avec les pauvres » « Mais pourquoi tout ça ? » l'ai-je interrogé sur le coup « Avant la révolution du Jasmin, on sentait que la société était fermée et la liberté cadenassée, mais juste après, les jeunes se découvrent transformés dans un nouveau décor qu'ils ne connaissaient pas avant, ils se lâchent alors » « Mais, ils ont changé en positif ou en négatif ? » « Dis-moi depuis quand une voiture est-elle un luxe alors qu'elle n'est qu'un simple moyen pour se déplacer ? En quoi l'apparence peut-elle te donner droit à des avantages mieux que les autres ? Tous les vices cachés de la société ont explosé avec la montée de l'islamisme. Le spectacle flirte avec le ridicule et la Tunisie en est le théâtre, plus vrai que nature », « presque la même chose qu'en Algérie donc ? » « Peut-être pire » conclut-il.

---

[52]Voir l'article de Marouen Achouri, « Tunisie. Un peuple qui parle mais ne lit pas », *Courrier International,* 17 avril 2016.

Le drame de l'inculture

Mardi, 4 juillet 2017

Comment une grande ville comme Alger peut-elle prospérer, avec seulement quelques salles de théâtre et cinq ou six cinémas ouverts ? Comment peut-elle aspirer à la modernité, rêver ou simplement respirer ? Ces interrogations-là ne sont pas les miennes, mais celles d'un ressortissant étranger, installé dans la capitale depuis une dizaine d'années. Croisé par un journaliste d'une chaîne privée, ce dernier qui avait travaillé aussi un certain moment en tant que coopérant technique au Maroc et en Tunisie, n'en revient pas : l'Algérie fait beaucoup moins dans le domaine de la culture que ses voisins, pourtant moins dotés qu'elle en richesses naturelles.[53]

Une nation, quelle qu'elle soit, ne se construit jamais sur la fermeture, le repli et l'ignorance. Or, à plus de 4 millions d'habitants, la capitale cohabite encore, malgré elle, avec le vide culturel, quel dommage ! Si la façade du pays sombre dans un tel décor *«désertique»* qui frise le cas de mort clinique d'un patient victime d'un A.V.C, qu'en serait-il des villes de l'intérieur et surtout de celles du grand Sud ?

[53]Le budget de la culture en 2016 est estimé à plus de 16 milliards de dinars, alors que celui de la défense, pour la même année est de l'ordre de 1 118 milliards de dinars (soit 10 milliards de dollars) *Cf.* : « Algérie : le quart du budget de fonctionnement est affecté à la défense », *Le 360afrique.com*, 18 octobre 2017.

J'ai lu récemment un article dans la presse qui parle du cas très calamiteux du secteur du cinéma à Mostaganem : salles obscures fermées, dégradées ou transformées pour la plupart en salles de fêtes à but lucratif, incompétence, imbroglios judiciaires, mobilier en piteux état, négligence et manque d'entretien des lieux.[54] Cette situation ressemble, malheureusement, à celle des autres régions du pays, Alger en particulier. Pour rappel, le nombre de salles obscures en Algérie ne dépasse pas la trentaine, soit moins du total des 48 wilayas (départements) existantes ![55] Comment pouvons-nous imaginer une génération de jeunes cultivés, tolérants et ouverts sur le monde sans cinéma ni théâtre ? De l'impossible ! Les Américains étaient-ils idiots lorsqu'ils ont installé le Cinéma de Hollywood ?

Quand, au début des années 1970, le poète Kateb Yacine a eu l'idée, combien originale, de faire du théâtre populaire dans toutes les villes algériennes, il ne visait sûrement qu'une seule chose : *« vulgariser la culture »* et gagner le cœur de l'Algérie profonde.

Sorti aussi traumatisé qu'exsangue d'une atroce guerre coloniale, puis fragilisé, juste après, par le

---

[54]Cinéluxe, l'Alhambra, Colisée, Vox et le Ciné Monde sont les cinq salles de cinéma de la ville de Mostaganem (ville côtière du Nord-ouest d'Algérie) qui, malheureusement, aujourd'hui sont toutes fermées. Voir : Salim Skander, « Mostaganem : Toutes les salles de cinéma sont fermées », *El Watan*, 30 mai 2016.

[55]Pour la petite comparaison, en juillet 1962, le parc national comptait environ 432 salles de cinéma (Alger, à lui seul, en avait 62), le double de ce que possédait l'Egypte à cette époque-là. Un nombre resté relativement stable jusqu'à la fin des années 1980, environ 430 et qui s'est réduit dans la tourmente intégriste des années 1990 à 15, appartenant pour la plupart à la cinémathèque nationale.

dogmatisme du parti unique, le pays n'attendait alors que le secours de ses élites pour se soigner et se relever de sa chute. S'en étant rendu compte, le dramaturge rebelle s'est rapidement inspiré de l'expérience du poète andalou Federico García Lorca, esquissée à l'aube des années 1930. Conscient de l'affaiblissement de l'Espagne, suite à la dictature de Primo de Rivera (1923-1930), Lorca avait sillonné avec enthousiasme, à l'aide de sa célèbre troupe théâtrale *«La Barraca »*, toutes les rues espagnoles dans le cadre de ses missions pédagogiques et bénévoles. Il s'était facilement frotté avec toutes les couches sociales : les jeunes, les vieux, les salariés, les désœuvrés, les marginaux, les sans-abris, les mendiants, les fous, les aliénés...

Lorca et Kateb, deux génies littéraires de leur temps, avaient fait du théâtre *« une université populaire ambulante »*, à la disposition de la société. Ils sont partis parcourir les rues, les villes et les villages pour enseigner aux gens les bonnes valeurs de l'amour et de la fraternité, recherchant tout ce qui unit leurs deux peuples dans leurs diversités. Citer ces deux exemples n'est jamais fortuit d'autant qu'ils mettent en évidence le rôle des poètes, des écrivains, de la culture dans la construction des nations, le renforcement de la diversité culturelle, la tolérance, le vivre-ensemble, le sentiment d'unité.

Le défi, c'est de libérer les mentalités

Samedi, 8 juillet 2017

Surpris, il y a quelques années, par l'un des étudiants qui l'interrogeait à l'université de Bouzaréah (Ouest d'Alger), sur le sens réel de l'indépendance d'un pays, le romancier Rachid Boudjedra n'a pas trouvé mieux que de répondre : *« libérer les mentalités »* !

Il avoue même après que cette idée l'avait beaucoup travaillé lors de la rédaction, en 1969, de son premier roman *« La Répudiation »*. L'Algérien qui a pu recouvrer sa citoyenneté confisquée durant plus d'un siècle colonial d'Indigénat, aurait, malheureusement, raté sa reconstruction civique à l'indépendance. Le chantier de la décolonisation des mentalités, allusion faite à la célèbre expression du penseur Mohand Chérif Sahli (1906-1989), *« décolonisation de l'histoire »*, est resté lettre morte.[56] Or, l'aliénation subie auparavant a vite creusé un immense vide culturel dans le cerveau des Algériens et le retour du refoulé colonial s'est traduit par des retards structurels à tous les niveaux. Prenons n'importe quel secteur en Algérie, qu'il soit industriel, culturel ou éducatif, et comparons-le avec celui de l'ex-métropole coloniale, un trait commun sautera rapidement aux yeux : le premier n'est qu'une copie conforme du second ! Tout est faussement imité dans la forme sans, bien entendu, le fond. Cette culture du suivisme aveugle—*« taba'îya » selon le langage khaldounien*— a tué le génie local, autrement dit, les stratégies de l'ex-opprimé

---

[56]Mohand Chérif Sahli, « Décoloniser l'histoire ; introduction à l'histoire du Maghreb », *Cahiers libres*, n° 77, Maspero édit, 1965.

n'ont fait que se calquer sur celles de son oppresseur d'hier.

Pas d'innovation ni d'originalité dans aucun domaine. En conséquence, les chances de sortir de la tutelle néocoloniale s'avèrent si minimes que les Algériens se complaisent, parfois avec un zèle pamphlétaire inégalé, dans des plaidoyers stériles de victimisation. Le problème n'est pas seulement circonscrit, ironie du sort, au *« sujet-citoyen »*, mais concerne aussi la structure de l'État lui-même qui n'est pas encore sorti de la tribalité ou de *« la préorganicité »*.

Notre peuple, écrit le leader nationaliste Ferhat Abbas en 1980, a une tendance profonde à rester au stade de la tribu. Il ne veut pas que la loi soit la volonté de tous. Il s'en tient à la société de type féodal, au culte de la personnalité et accepte facilement le fait du prince. Il décapite son élite au fur et à mesure de sa formation. Ainsi repart-il toujours de zéro. Cette conception médiévale de l'État est un handicap certain.[57]

Je reprends ici un extrait d'un article de Mustapha Benchenane, écrit en 1982, en pleine période du Parti unique, qui appuie les derniers propos de F. Abbas : « Au plan de l'unité nationale, analyse-t-il, on assiste depuis quelques années à une régression inquiétante à

---

[57]Ferhat Abbas, *Autopsie d'une guerre*, Éditions Garnier, 1980, p 213. Un simple exemple du caractère tribal de la société algérienne : en 1850, sous la colonisation, l'Algérie possédait, selon l'historien français P. Montagnon, environ 516 tribus éparpillées et réparties pour une population de 3 millions d'âmes. Voir Pierre Montagnon, *L'histoire de l'Algérie, des origines à nos jours*, édition revue et corrigée, Pygmalion, 2012.

travers le développement du régionalisme. Beaucoup d'Algériens accusent le pouvoir d'être organisé selon des critères régionalistes. Ainsi, " les gens de l'Ouest" font le compte des leurs qui siègent dans les différentes instances de l'État et du Parti et constatent avec amertume qu'ils sont presque totalement exclus des postes dirigeants. Il faut remarquer qu'on parle de moins en moins de l'Émir Abdelkader, originaire de l'Ouest, héros de la résistance de 1830 à 1844, et qu'on accorde plus d'importance à "Boumédiène", originaire de l'Est, afin de minimiser l'œuvre de l'Émir. »[58]

Dans le fond, ce constat n'a pas changé, de nos jours, d'un iota. Seulement, il a pris d'autres formes avec, en plus, la consécration de la corruption comme *« sœur jumelle du système »*. L'héritage du sous-développement qu'on traîne comme une casserole derrière le dos s'est irréversiblement normalisé, comme si nos gènes d'ex-colonisés portent à jamais les germes de la régression. Que restera-t-il demain de l'indépendance, si la nouvelle génération ne se met pas à réformer, au plus vite, les mentalités ? Rien ! Plus rien !

---

[58] Mustapha Benchenane : « Algérie : mémoire et jeunesse : un affrontement », *collections mémoires*, n°38-mars 1982.

Aokas, la ville des lumières

Dimanche, 6 août 2017

Les lumières, c'est le savoir, les idées, l'espérance, la vie...

Un pays quelconque rendra forcément son âme, dès qu'il s'en sera privé ! Ô combien c'est beau le soleil de la connaissance ! Mais à quoi bon ce plaidoyer sert-il quand on voit le visage pâle, si anémique de l'Algérie ? Une Algérie qui couvre ses yeux par les deux mains jointes, par crainte semble-t-il, d'apercevoir les rayons de la lumière ? Une Algérie qui refuse de fonder son salut sur le débat et la confrontation des opinions ? Une Algérie qui règle ses comptes avec ses intellos par la force, les oukases et la violence ?

Rien à espérer de tous ceux à qui la parole fait tant peur ! Depuis quand une conférence ou un forum littéraire dérangent-ils la stabilité d'une nation ? En quoi un avis émis par un penseur ou un intellectuel sur un thème d'actualité constitue-t-il une menace à l'ordre public ? Pourquoi a-t-on horreur des idées et des livres ? « Là où on brûle les livres, écrit un jour l'Allemand Heinrich Heine (1797-1856), on finit par brûler les hommes ! »

Nos élites rentières ont beau s'armer de mille subterfuges pour empêcher la manifestation de la culture, dans tous ses états, dans les villes et les campagnes, leurs tentatives seront vouées à l'échec. Leurs dérives autoritaires faisant de la parole, l'ennemie jurée de la cohésion et de l'unité nationale, creuseront davantage le fossé qui les sépare du petit peuple. Elles les affaibliront sur le plan moral, tout en jetant l'opprobre sur leurs visées réactionnaires. Heureusement que la manifestation, le 27 juillet dernier, des habitants de la ville d'Aokas à Béjaïa,[59] chacun un livre à la main, contre le musellement de la voix libre, vient d'apporter la preuve la plus irréfutable que l'Algérie du progrès et des idées est encore debout, vivante. Qu'elle combatte, sans relâche, l'obscurantisme et le retour aux pratiques obsolètes de l'ère du parti unique. Qu'elle nous promette bien de belles surprises dans un prochain avenir. Et qu'il y ait, par-dessus le marché, encore de l'espoir en un changement pacifique sous les bons auspices d'une élite avant-gardiste, structurée, généreuse, engagée.

Aokas nous donne envie de jouir de tant de libertés, du pluralisme et de la démocratie que l'on se remette vite à rêver. Aokas symbolise l'éveil des consciences, la résurrection de la citoyenneté, la lutte pour les idéaux, la laïcité, la sauvegarde du temple républicain de la nation. Que cet esprit l'ayant animé, en fin de semaine passée, soit celui de l'Algérie de demain ! Une Algérie où tout démarre de l'idée et de la pensée, et non de la force.

---

[59] Les animateurs du café littéraire d'Aokas, ville côtière de la Kabylie (sise à près de 250 km d'Alger), furent victimes d'énormes pressions de la part des autorités depuis 2016.

Faire bouger les choses

Mercredi, 23 août 2017

Pas de temps, pas de moyens, pas de moral, pas de tête à tout ça ! Les Algériens collectionnent très facilement toutes les excuses pour ne pas oser changer les choses, pour ne pas ouvrir leur esprit à d'autres horizons, pour ne pas bouger tout simplement.

Ils se noient dans la routine de la paresse, sans prendre la mesure de leurs actes. Sans regarder la réalité en face. Mais de quelle réalité parlons-nous, pardi ? Celle-ci peut bien souvent prendre mille visages. Celle qui nous concerne, c'est toujours au fond, la plus visible à nous tous : l'Algérie régresse, régresse, régresse !

Et l'Algérien ? Il éprouve, en effet, de plus en plus, le besoin de se déconnecter de son milieu, de s'envoler dans ses rêves pour souffler un peu d'air frais, de jeter ses yeux loin afin qu'il ne sombre plus dans la frustration de ne pouvoir rien faire, de *« zapper »*, si l'on ose dire, une réalité qui le déprime, plus que toute autre chose au monde. Ses inquiétudes et ses colères l'empêchent d'être à l'aise, décontracté, prêt à enfourcher le cheval de la modernité. Mais si tout explique son attitude, pour le moins fataliste, rien ne l'excuse.

Le désespoir qui écrase l'Algérien ne peut être vaincu que parce que ce dernier manifeste peu d'empressement, et moins de zèle à le chasser de son être profond. Bricoler de l'espoir dans un moment de crise sera, synonyme du salut, s'il est accompagné par un engagement quotidien en faveur de la collectivité. Cela signifie qu'il faudrait, à chaque instant, joindre l'effort individuel à l'intérêt collectif. L'énergie des masses, c'est la force en action. Elle agit comme un antidépresseur social, voire un remède à la frilosité ayant atteint la société aujourd'hui.

En d'autres termes, au lieu que toutes les angoisses secrétées par la crise plongent les Algériens dans le fatalisme, elles devraient être, au contraire, le coup de talon qui leur permet d'avancer. À cet effet, le peuple a besoin de vrais débats de société, qui jurent avec la langue de bois qu'il subit, malgré lui, depuis plusieurs décennies.

Citoyens démunis, diplômés exaspérés par un marché de l'emploi saturé, travailleurs sans ressources qui assistent, impuissants à la dégringolade de leur pouvoir d'achat, chômeurs sans perspectives, jeunes sans qualification ni logement, femmes en situation de précarité, vieux retraités qui n'arrivent guère à arrondir leurs fins de mois, tous attendent quelque chose qui puisse les apaiser.

Et si notre élite gère le pays comme celle de la Norvège ?

Mercredi, 18 octobre 2017

Quelle est exemplaire l'expérience économique de la Norvège ! En septembre dernier, le fonds souverain de ce pays nordique producteur du pétrole a dépassé, pour la première fois après vingt-cinq ans de son existence, le seuil de 1.000 milliards de dollars, soit l'équivalent de ce qu'avait dépensé l'Algérie dans ses plans de relance économique depuis les années 2000, ou le PIB annuel d'un pays comme le Mexique.

Outre cette manne financière, ses revenus de l'or noir sont placés chaque année en actions ou en obligations dans les sociétés internationales les mieux gérées — *le fonds détient 1% du capital des grandes sociétés cotées en Bourse* — bien que ses exportations pétrolières n'aient jamais franchi les 35%. L'exploitation de ce fonds-là a permis, en outre, aux autorités norvégiennes d'engranger une plus-value annuelle de l'ordre de 4% (soit environ 40 milliards de dollars par an), laquelle peut facilement atteindre jusqu'à 10% dans les toutes prochaines années.

Toutefois, les officiels norvégiens n'ont guère l'intention d'encourager leur population, estimée aujourd'hui à 5 millions d'habitants, à compter sur la rente pétrolière pour vivre. Bien au contraire, ils la poussent à ne plus négliger la valeur économique du travail, à sacraliser la culture de l'effort, à établir des bilans familiaux et à économiser pour gagner bien leur vie, comme si la rente du sous-sol n'existe pas. Ainsi, les Norvégiens pourront tirer de ce fonds souverain l'équivalent du revenu annuel de la Côte d'Ivoire qui compte plus de 25 millions d'habitants et constitue la deuxième économie de la communauté des Etats de l'Afrique de l'Ouest (Cedeao), derrière le Nigeria. En plus, grâce à cette stratégie économique rationnelle, la Norvège est classée première sur l'indice du développement humain (IDH). Énorme ! Voilà le modèle d'une élite prévoyante et planificatrice à imiter.

Or, contrairement à cette Norvège prospère, l'Algérie est un colosse rentier aux pieds d'argile. Alors que le solde de son Fonds de régulation des recettes (FRR), épuisé en février 2017, n'a servi qu'à combler ses déficits successifs, l'État a besoin de 2 milliards de dollars supplémentaires pour boucler l'année en cours. De même, sa fiscalité pétrolière ayant basculé de 60 mds en 2014 à 31 mds en 2017 n'arrivera jamais, sauf miracle, à pallier la défaillance des 287 milliards de dinars du Trésor public annoncés récemment par les autorités publiques.[60] Mais où est la différence entre la Norvège et l'Algérie ? La réponse coule de source : le mode de gestion.

En effet, nourrir un peuple de quarante millions d'habitants et ouvrir une brèche d'espoir à une jeunesse emais un plan économique et stratégique durable qui

[60]Environ 60 milliards de dollars d'importations sont dépensés chaque année pour une population de presque 40 millions. Quant aux réserves de change générées par les recettes du pétrole, elles passent de 194 mds en 2014 à moins de 72.6 mds fin 2019. Certains économistes les prévoyaient déjà, avant même l'apparition de la pandémie de la Covid-19 autour de 51 mds à la fin de 2020.

s'étale sur des années, voire des décennies. Autrement dit, si un moteur d'une voiture s'arrête un jour à cause d'une panne dans la boîte à vitesse, ou dans la plaquette de freins qu'on n'aurait pas tenté de réparer, les coûts de réparation du véhicule augmenteront nécessairement avec le temps. L'Algérie est ce moteur-là dont les pièces sont défectueuses, et que ses dirigeants ont laissé longtemps en l'état, occupés qu'ils sont par le gaspillage de la rente pétrolière. À moins qu'elles soient attirées par l'exemple du Venezuela,[61] pays rentier où l'hyperinflation a obligé le peuple à sortir dans la rue à cause de la cherté de la vie et de la famine, ou du Zimbabwe où le citoyen a besoin d'une brouette de billets pour une baguette de pain, il y a urgence pour les élites à tout réformer.

---

[61]Le Venezuela, pourtant un grand pays pétrolier, a enregistré un record historique d'inflation de 180.5% en 2015 avec un P.I.B diminué de 4.5 % sur la même période. L'état d'urgence économique y fut décrété depuis cette date-là.

Et si nos associations s'engagent pour réformer ?

Jeudi, 26 octobre 2017

Et qui oserait encore affirmer que les associations culturelles, éducatives, caritatives n'ont aucun intérêt pour la santé des nations ?

En mai 2009, une association de quartier londonienne a décidé de donner, sans aucune contrepartie, la modique somme de 3.000 livres (environ 3.500 euros), à treize sans-abri de quelques banlieues de la capitale britannique. Si cette expérience-là n'a pas suscité, au départ, trop d'engouement de la part des autorités qui ont assimilé l'opération à de l'assistanat, elle n'en reste pas moins utile à plus d'un titre. Pour preuve, un an et demi plus tard, toutes les personnes concernées en ont tiré le plus grand bénéfice et ont pu avancer dans leur vie. Ils auraient fait tous, pour la première fois, des pas déterminants vers la solvabilité et l'amélioration de leur statut économique. Sept d'entre eux dormaient même sous un toit, alors que deux autres étaient sur le point de s'installer dans des appartements.

En outre, la plupart de ces SDF suivaient désormais des cours de chant et de langues, apprenaient à faire de la cuisine, s'impliquaient de façon régulière dans des séances de cure d'intoxication, rendaient fréquemment visite à leurs familles et faisaient des projets d'avenir. Énorme ! Cela n'aurait, sans doute, jamais été possible s'il n'y avait pas eu à la base un travail associatif de proximité, d'entraide et de solidarité avec les plus pauvres de la cité. Les associations de quartier sont la cellule centrale la plus proche du quotidien des gens et de leurs préoccupations que n'importe quelle autorité politique.

En ce sens, elles peuvent résoudre certains problèmes de citoyens, à la phase primaire, avant que la situation ne se dégrade, en jouant le rôle d'intermédiaires entre ces derniers et les pouvoirs publics tutélaires. Elles peuvent aussi, quand leurs membres sont très actifs et engagés sur le terrain, et non pas comme dans le cas de la plupart de nos associations en Algérie, — *des tubes digestifs sans âme, branchés au sérum de la rente*—, combler le vide laissé par les collectivités locales et apaiser les esprits pour resserrer les liens entre gouvernants et gouvernés. Seul ce maillage associatif est susceptible de permettre une métamorphose par petites transformations successives qui peuvent produire à la fin, en s'additionnant, un changement qualificatif au sein de tout le corps social. Imaginons maintenant que les 80.000 associations algériennes agissent comme cette association de quartier londonienne ? Le pays n'en serait jamais là, décidément ! Car, si la politique est l'art du possible, comme disait l'Allemand Bismarck, le militantisme associatif sera ce possible lui-même.

L’élite doit s’enraciner dans la douleur de la société

Mercredi, 22 novembre 2017

Un intellectuel est le porte-voix de la société dont il est issu et dont il connaît les caractéristiques. Il devrait *« s'ancrer dans la douleur des siens »*, comme le résume bien le romancier Rachid Boudjedra. Cet enracinement suppose, d'abord, une sorte de fusion avec la culture du terroir, puis une osmose avec les aspirations des masses.

Ni le poète Kateb Yacine, ni moins encore l'écrivain Mohamed Dib, n'auraient pu atteindre l'universalité s'ils ne s'étaient pas imprégnés, dès l’entame de leur aventure littéraire, des douleurs de leur peuple, ses cris, ses souffrances, ses misères, ses luttes, ses idéaux. *« Nedjma »* et *« La Grande Maison »* n'auraient été des chefs-d'œuvre universels, que parce qu'elles avaient pu transmettre l'histoire de l'Algérie dans ce qu'elle a de plus épique, de plus douloureux, de plus tragique et de plus humain. *« Yo soy yo y mi circunstancia »* (Je suis moi et ma circonstance), aurait proclamé, à juste raison, le philosophe espagnol José Ortega y Gasset, pour souligner l'importance vitale de cette proximité avec les siens, passage obligé pour comprendre ce qu'ils ressentent et ce qu'ils comptent entreprendre. Le partage de la douleur du peuple est la voie la plus sûre vers la connaissance de son état d'esprit, son identité, ses valeurs. Comment parler de son peuple sans le connaître en profondeur ? Comment peut-on transmettre ses doléances alors qu'on n'a pas vécu ni partagé son quotidien ? C'est cette capacité à se mettre à la place des leurs et à traduire ce qu'ils veulent qui est exigée aujourd'hui des élites algériennes.

Lorsque Kateb Yacine (1929-1989) écrit *« Nedjma »*, au milieu des années 1950, il rêvait certes d'abord à une femme, sa cousine « Zoulikha » qu'il voulait épouser et que le destin le lui aurait arraché à la dernière minute, mais n'en restait pas moins blessé, au plus profond de lui-même, par une atroce frustration identitaire. Celle de ne pas avoir pu retrouver ses vraies racines, l'odeur de son pays, son peuple, les siens. Cette femme-là, dans son écrit, Nedjma en l'occurrence, fut donc à la fois sa compagne, sa sœur, sa mère et sa patrie imaginaire. Autrement dit, la compensation symbolique de la tendresse maternelle dont il avait été privé, sinon une étoile filante dans le ciel gris de la répression coloniale. Les événements tragiques du 8 mai 1945 furent, pour le plus grand poète du Maghreb contemporain, l'élément déclencheur de sa sensibilité patriotique. Et ce qui était censé être au départ un poème s'est transformé en roman : le plus beau, le plus sensuel et surtout le plus représentatif du malheur de l'Algérie.

Plus tard, Kateb s'est inspiré du théâtre de García Lorca, en mettant en chantier son projet de *« théâtre urbain et populaire »*. Une idée neuve, iconoclaste et fraîche dans une Algérie indépendante à peine remise de ses blessures. Kateb n'a pas placé la barre haut, se contenant de côtoyer dans la simplicité les masses algériennes, leur parler dans la langue qu'elles comprennent (l'Arabe dialectal et le Berbère), les assister, les distraire, les cultiver. Quel génie ! C'est dire, combien l'intellectuel est nécessaire à la respiration de la société, et aussi combien les drames débouchent sur les plus beaux chefs-d'œuvre de l'histoire. En vérité, la prise de conscience de sa propre destinée et celle de son peuple fait souvent de l'intellectuel, un homme avant-gardiste et le porte-drapeau de la revendication collective par excellence. Dans la culture *«Zoulou»*, plus exactement dans son fameux principe *«Ubunto»,* très répandu en Afrique Noire, on dit ceci : « *Je suis parce que nous sommes* ». C'est là, à mon sens, que s'inscrit le rôle de l'élite dans la société.

Chroniques de 2018

Pourquoi tout ça ?

Jeudi, 4 janvier 2018

Si on laisse traîner des oreilles indiscrètes dans l'Algérie profonde, et qu'on écoute ce qui se dit entre deux verres, dans les cafés, les rues et les marchés, on arrive facilement à la conclusion que le pays est peuplé de quarante millions d'âmes solitaires, livrées elles-mêmes et sans avenir, qui n'ont aucun projet de vie en commun et qui rêvent toutes de fuir cette Algérie percluse, maladive et quasi moribonde.

Mais pourquoi tout ça ? Pourquoi ce gâchis ? Tous les signes montrent que, depuis des années, la dynamique frustrante du pessimisme marque le pas dans les esprits. Comme si l'Algérien souffre du syndrome d'apatride émotionnel. Or, il est inutile de se voiler la face : nos faiblesses sont dans nos cerveaux. Réformons alors nos cerveaux, purée ! Au boulot ! Vite ! Quel piège mon Dieu ! On est coincés dedans et on n'a plus envie d'avancer. Si la question des causes mérite réflexion, celle des effets est, à tout le moins, incontestable : tout le monde accuse tout le monde de ce que tout le monde aurait causé à tout le monde. Trop philosophique pour qu'il soit compris par un étranger ! Dilemme que, peut-être, seul le journal satirique *« El-Manchar »*[62], est en mesure de résoudre.

---

[62] El-Manchar, l'équivalent du Gorafi en France, est un site algérien d'information satirique.

Imaginons maintenant que quarante millions de Japonais vont remplacer ces quarante millions d'Algériens, avec les mêmes impasses actuelles et, de surcroît, sous une seule condition : exploiter uniquement les plaines de Tiaret et de Relizane, sans aucun accès au pétrole ni aux richesses du sous-sol du Sahara. Sans l'ombre d'un doute, une nouvelle ère s'enclenchera tout de suite, et les fruits des efforts du peuple nippon, actif et optimiste, ne tarderont pas à voir le jour.

Autrement dit, dans moins de vingt ans, l'Algérie sera un paradis sur terre ! Cherchez l'erreur ? Inévitablement en nous-mêmes. Pas question de compter sur une rente éphémère pour subsister, mais de regarder le présent avec lucidité. De croire que les choses bougeront, si nous bougeons, que personne ne nous construira notre maison, si nous ne la construisons pas nous-mêmes. Retroussons nos manches et défrichons nos cerveaux alors !

Le syndrome de Stokholm

Mardi, 13 février 2018

Quand un otage nourrit un sentiment d'empathie vis-à-vis de son geôlier, on dit qu'il souffre du *« syndrome de Stockholm»*.

Pour la petite histoire, ce fut un fait divers survenu en Suède en août 1973, lorsqu'un détenu en permission avait tenté de braquer une banque. Une fois arrivés sur place pour l'en chasser, les policiers se sont retrouvés face à un malfaiteur qui s'est sympathisé, entre-temps, avec les employés de ladite agence. Devenus pourtant ses otages, ces derniers n'ont jamais hésité un instant à jouer les conciliabules avec les autorités. L'histoire ne s'arrête pas là, d'autant que ces otages-là ont essayé d'empêcher la police d'arrêter le malfrat, refusé de témoigner contre lui et certains d'entre eux lui ont même rendu visite en prison ! Drôle de situation qui ressemble, à s'y méprendre, au cas des élites algériennes qui sont, paraît-il, tellement à l'aise d'être prises en otage par la crise, qu'elles sont prêtes à toutes les combines possibles pour en prolonger la durée.

De toute façon, tout le monde y trouve son compte, du haut de la pyramide jusqu'à sa base. La crise, ça sert toujours à quelque chose en Algérie ! Au moins, à entretenir le suspense, à fournir les preuves que notre régression est beaucoup moins dommageable pour le pays que l'anarchie qui prévaut dans les nations arabes environnantes.

À un Algérien à qui l'on dit : *« Nous voulons changer les choses ! »*, on entend à peu près cette réponse grommelée du bout des lèvres : *« mais regardez un peu la Libye et la Syrie, et tenez-en moi au courant ! »* À un autre à qui l'on répète, sans cesse, qu'on voulait rester comme ça, celui-ci n'hésitera pas à nous proposer un arrêt sur image d'un tronçon de l'autoroute Est-Ouest,[63] où l'on voit déjà des crevasses, des craquelures et des trous un peu partout, avant même que les usagers n'aient pu consommer la joie de l'inauguration ! Que faire alors ? S'accrocher naïvement à l'espoir fragile de tourner la page du sous-développement ? Ou fermer définitivement cette parenthèse, en se contentant de râler ? Atroce dilemme !

[63]Le projet de l'autoroute Est-Ouest (environ 1720 Km), débuté en 2006, fut l'un des grands scandales de l'ère Bouteflika.

L'intolérance de la société

Dimanche, 18 mars 2018

Il y a quelques jours, un père de famille s'est insurgé, via les réseaux sociaux, contre l'agression dont fut victime sa fille dans un train qui la menait de Réghaïa à l'université de Bab Ezzouar où elle poursuit ses études.[64]

L'onde de choc a été tellement brutale pour ce parent qu'il se demande, non sans amertume, contre qui porter plainte. Contre l'agresseur violent, non identifié par la masse, qui joue en toute liberté le rôle de la police des mœurs, digne des régimes théocratiques, ou contre cette masse elle-même qui, ayant pourtant vu la jeune fille frappée à la tête, insultée et humiliée—*parce qu'elle ne portait pas de voile*—, n'a pas jugé utile de bouger le petit doigt pour l'assister ?

Très remonté contre ce qu'il avait qualifié d'acte de barbarie, ce cadre d'une importante compagnie nationale s'est posé alors tout haut la question que tous les Algériens se posaient, depuis longtemps, tout bas : où va la société algérienne ? La femme n'a-t-elle pas le droit de circuler librement en Algérie, sans qu'elle ne soit inquiétée, harcelée ou attaquée par les pseudo-gardiens du temple de la morale, aigris, misogynes et emplis de haine ? D'hypocrisie sociale provoquée par la multiplication des tabous religieux dont la nuisance a été dopée par l'intégrisme islamiste des *«fatwas»* on line des

[64] L'agression de cette jeune fille a eu lieu à Alger le 13 mars 2018.

«chouyoukhs» des chaînes satellitaires moyen-orientales à la violence, symptomatique d'une société fragile et conservatrice, l'intolérance s'est imposée, de facto, dans le comportement quotidien de l'Algérien, le vidant de toute empathie vis-à-vis de son prochain, son voisin, son compatriote.

Cette agression est l'image en miniature de ce que subissent les femmes, harcelées dans les bus, les rues, les lieux publics, les universités. La réaction violente et injustifiée de cet agresseur à l'égard de cette étudiante de Bab Ezzouar montre, d'une façon ou d'une autre, que le malaise dont se débat la société est profond. En proie à une frustration envahissante, aux relents de la misogynie, à la torpeur de la raison et au poids du radicalisme religieux, celle-ci trouve presque instinctivement dans la femme le bouc-émissaire idéal sur qui elle déverse souvent ses refoulés, ses colères et sa violence. Mais jusqu'à quand notre silence ?

Questions

Mercredi, 13 Juin 2018

Est-il interdit pour une femme de faire du footing ?[65]Lui est-il interdit de sortir le soir et marcher dans la rue comme ses confrères *«hommes»* ? Nos femmes sont-elles condamnées à être des mineures à vie ? En un mot, quelle est la place de la mixité dans la société algérienne d'aujourd'hui ?

En découvrant sur les colonnes de la presse qu'une joggeuse est agressée à Alger, juste avant la rupture du jeûne, par un homme en furie qui l'avait vu en train de courir vers 19h, j'ai failli pousser un cri d'orfraie ! Le comble, c'est que cet agresseur-là n'en était pas resté là, d'après le témoignage même de la victime. Après lui avoir asséné des coups, il lui lança, froid, à la figure : « vas...! ta place est dans la cuisine ! »

Aussitôt, je me suis rappelé la célèbre phrase de l'écrivain péruvien Mario Vargas Llosa, qui a résumé en quelques mots le regard réducteur de ses compatriotes envers la femme : *«una máquina de parir»* (une machine à accoucher), dit-il, consterné. Nous n'en sommes pas, vraiment loin, en Algérie, malheureusement. Ce qui intrigue dans le récit de cette jeune fille apparue, fort émue et éplorée sur son profil Facebook, c'est l'indifférence générale à sa plainte.

Qui a tort dans tout ça ? Peut-être c'est elle parce qu'elle a osé courir au moment où les autres, sous

---

[65] Voir l'article de Hadjer Guenafa, «Algérie : l'agression d'une joggeuse en plein ramadan secoue le pays », *Le Point*, 12 juin 2018.

prétexte d'observer le ramadhan, s'adonnent aux deux activités la plus prisées par la majorité des Algériens, en pareille circonstance : dormir toute la journée et se réveiller pour se goinfrer de sucreries ! Les idées reçues sur la femme sont tenaces chez nous. Nées du renfermement sur soi, elles se sont figées en opinions caricaturales et en procès d'intention, à l'encontre de tout ce qui n'est pas conforme à la norme patriarcale.[66]Et quelle est cette norme, sinon rester dans une mentalité arriérée, misogyne et antiféminine, sans prise avec la réalité du monde et de la modernité tout court ?!

Avec la montée de l'islamisme, ces idées-là se sont partout répandues, diffusant un prêt-à-penser collectif fanatisé, auquel il est difficile d'échapper. Retardataire sur le double plan éducatif et culturel, l'école, longtemps soumise au matraquage idéologique des intégristes, a produit des frustrés et des handicapés de la pensée par milliers. Grippée dans son engrenage, la machinerie sociale a rendu possible la multiplication de tels comportements violents et indignes de la citoyenneté.

Le refoulé religieux mélangé aux affects blessés d'une jeunesse, en marge de l'arène des rentiers, a accéléré, si l'on peut dire, *« la déshumanisation de l'Algérien »*. Maillon faible, dans cet écosystème social, à

[66]Le chroniqueur et écrivain Akram Belkaid a cité dans son ouvrage *« Être arabe aujourd'hui »*, Carnets Nord, Paris, 2011, p 171, l'exemple de Yasmine Khalifa, une étudiante libanaise à l'université américaine du Caire qui aurait déclaré ceci, le 14 mars 2001 : « Nous voulons tous la chute du régime mâle ». Bien entendu, la confusion ici entre mâle et mal est très significative de l'aspect hideux du patriarcat traditionnel dans la société arabe.

la dérive, la femme en a fait les frais, à son grand malheur.

Le sentiment d'infériorité culturelle

Mardi, 19 juin 2018

« Pourquoi le cinéma algérien peine-t-il à prospérer ? » Ce n'est pas seulement une question de sous, me confie récemment un Européen connaisseur et amoureux de l'Algérie. « C'est quoi le problème alors ? » lui dis-je tout de go.

« Je fais de fréquents allers-retours en Algérie, depuis pratiquement le début des années 1970. À l'époque, le cinéma y fut très florissant, malgré le peu de moyens mis à la disposition du secteur culturel et l'amateurisme des réalisateurs. Partout, les salles obscures attirent des foules nombreuses, ce fut le boom ! »« Quel en était le secret ? » « une seule recette, simple et originale : il y a eu de la fierté à montrer ce que l'on a et de l'estime de soi » « c'est-à-dire ? » « Je vais t'expliquer une chose : un commerçant ne pourra jamais vendre un produit, s'il n'est pas convaincu de son utilité. L'Algérie avait adopté une voie unique au Maghreb dans ce sens-là. Ceux qui faisaient du cinéma à l'époque donnaient de la considération à ce qu'ils produisaient, aidés en cela par des autorités acquises à la cause de la culture, euphorie de l'indépendance oblige. Résultat : les films locaux sont très demandés ! »« Et tu penses que ce n'est pas le cas aujourd'hui ? » « Malheureusement non ! La semaine passée, j'avais assisté à Paris à une semaine culturelle consacrée au cinéma algérien, n'eût été la présence de quelques Européens curieux de découvrir la culture du Maghreb, la salle aurait été quasi vide ! » « À quoi cela était-il dû, à ton avis ? » « D'une part, au manque de publicité de la part des chargés de la culture au niveau de l'appareil étatique. Et de l'autre, il se dégage parfois l'impression que les réalisateurs eux-mêmes croient que leurs films intéressent peu le public. C'est pourquoi ils mettent peu d'énergie pour les diffuser ! Comment veux-tu alors que les spectateurs viennent pour les regarder ? » « Tu veux dire par là que c'est le manque d'encouragement des pouvoirs publics, du sponsor et de la publicité qui a freiné la production cinématographique algérienne ? »

« Pas que ça ! cela participe plutôt d'un sentiment d'infériorité culturelle » « Comment ça ? » « Regarde ! Moi par exemple, j'apprécie beaucoup des films algériens classiques tels que : *«Omar Gatlatou»* de Merzak Allouache *«Tahia ya Didou»* de Mohamed Zinet ou *«Chronique des années de braise»* de Mohamed Lakhdar Hamina.[67] Des bijoux ! On y trouve de l'humour, de la comédie, du réalisme, de l'histoire et plein d'autres choses originales et enrichissantes. Malheureusement, tout ce trésor est ignoré ! Comme si on n'y retrouve rien de digne à voir ou qu'on a honte de ce que l'on a. Pire, certains considèrent tout ce qui vient de l'intérieur du pays comme ayant peu de valeur, dommage ! »

[67]Depuis la palme d'or au festival de Cannes décrochée en 1975 par le cinéaste Lakhdar Hamina pour son chef d'œuvre *« Chronique des années de braise »*, les films algériens distingués au plan international se comptent sur le bout des doigts *(« Maskhara »* de Lyes Salem au festival international de Dubaï fin 2008, *« Délice Paloma »* de Nadir Moknèche [le Prix Lumière du meilleur film francophone en 2008].

Égarements

Lundi, 30 juillet 2018

Manifestement, rien ne fonctionne dans cette Algérie en perte de repères. Mais qu'est-ce qui se passe au juste ? Pourquoi tout ça ?

La morosité s'est emparée de toute la société : les jeunes sont déprimés, les cadres sont dégoûtés, les militants et les journalistes préoccupés par la tournure autoritaire du régime, les agriculteurs déçus des rentiers qui ne les regardent que quand les caisses sont vides, les femmes inquiètes d'un pays qui se referme, de plus en plus, dans ses tabous et sa misogynie, la diaspora en colère contre des tarifs de voyage excessifs qui les empêchent, en plein été, de regagner le bercail.

Et cerise sur le gâteau, certains prophètes de malheur parlent même maintenant de faillite. Mais de quoi ? De nous-mêmes ! De tout ce qui reste à cette Algérie, devenue réservoir de frustrations collectives. Le décor n'invite, hélas, personne à l'euphorie ! Et il va falloir, peut-être, se demander pourquoi, en quelques mots, les Algériens continuent à errer dans ce couloir du pessimisme pathétique, pourquoi ils formulent toujours négativement les choses, pourquoi ils nourrissent le soupçon, au lieu d'encourager ce qui est bon en eux-mêmes, pourquoi ils choisissent de dire du mal et de dénigrer leur pays, au lieu d'en dire du bien. C'est cela qui devrait leur ouvrir les yeux sur eux-mêmes d'autant qu'il les met, sans aucune échappatoire possible, face à leurs contradictions, leurs incohérences, leurs responsabilités. Les élites sont allées loin dans la division sociale, elles ont laissé pendant longtemps la pauvreté et les fractures internes s'aggraver, elles ont ignoré le savoir, la compétence, la culture, le génie, elles ont baissé les bras devant la dégradation du cadre de vie des citoyens, laissé les pires maux se généraliser, elles ont ouvert la voie à la médiocrité et à la médiocratie. Quel aveuglement !

Les Algériens ont-ils de la poisse ? Sont-ils des bons à rien, des nullards ou des êtres ingérables qui coulent, comme plongés dans un coma éthylique ? Il paraît qu'ils n'ont droit, les plus aisés d'entre eux, qu'à la cirrhose du foie à force de consommer des bières, les seules restées moins chères, qui les font rêver en noyant leur chagrin, et les pauvres, aux excès de nerfs et à la déprime, parce que rien n'est moins cher à part leur vie de misère.

Entre malvie et Zodiac

Jeudi, 2 août 2018

Un pays sans élite est un pays sans tête, sans cerveau, sans boussole.

Comment aspirer au développement quand il n'y a, en face, aucun projet de société qui s'appuie sur le savoir et la connaissance ? Comment peut-on prétendre redonner aujourd'hui à l'Algérie force et éclat, quand on sait l'ampleur du drame de la fuite des cerveaux ? Comment espère-t-on y mener le changement à bout quand ses meilleurs enfants la quittent ? Impossible ! Selon une enquête menée conjointement, en 2015, par l'Organisation internationale du travail (OIT), le Centre de recherche en économie appliquée pour le développement et le Laboratoire de changement social de l'université d'Alger 2, sur 54% des migrants africains en Europe, 86.4% sont des Algériens ! [68]

De même, on souligne dans la même étude, que les Algériens qualifiés représentent 26% en moyenne des Algériens installés dans les pays de l'Organisation de coopération et de développement économique (OCDE), soit plus de 267.000 personnes dont 1.2% ont un PHD (le plus haut grade d'études universitaires). Parmi ces derniers, 24.8% de femmes et 27% des hommes ont un niveau d'études supérieures. Ces statistiques montrent on ne peut plus la grande hémorragie dont souffre la

[68] L'enquête a été menée entre avril et septembre 2015.

société algérienne. Celle-ci voit, désarmée, sa crème la déserter pour d'autres cieux plus prometteurs, sans qu'aucune stratégie sérieuse pour attirer la diaspora qualifiée ne soit mise en œuvre, jusqu'à présent, par les autorités.[69]

La faute est à qui ? Une fois encore à cette culture de la rente ayant engourdi les esprits, faisant du savoir la cinquième roue de la charrette d'un système poussif. Des milliers de diplômés sont contraints à prendre la route de l'exil sur des Zodiacs ! Une honte nationale qui se banalise au su et au vu de tout le monde sur les manchettes des journaux et les médias. Entre drames récurrents en Méditerranée et arrestations de harraga en Europe, la coupe est pleine. Où est l'issue ? Comment expliquer qu'une telle situation ait pu arriver un jour dans un pays comme l'Algérie qui a toutes les potentialités pour devenir une puissance émergente ?

Le bonheur pour n'importe quel jeune de Bab El Oued, c'est d'abord de gagner sa vie dignement, pouvoir se déplacer en voiture sans être bloqué dans des embouteillages nauséeux, ne pas faire la queue, trois heures durant, pour retirer de l'argent à la poste, avoir un toit ou, au moins, trouver une modeste location qui n'engloutisse pas tout le salaire du mois. Le bonheur, c'est de ne pas être taxé de paria parce que l'on a enfreint un tabou social, obtenir un rendez-vous dans une administration sans piston, ne pas graisser la patte à un agent de la mairie pour un logement social, voyager sans

---

[69]Si l'on en croit les données du Conseil national de l'Ordre des médecins [CNOM], rapportées en septembre 2017 par Le Monde, plus de 4404 médecins diplômés des universités algériennes exercent en hexagone.

visa, faire ses courses dans le marché du coin avec moins de billets possible, se soigner dans les hôpitaux de son pays, propres, au personnel aussi accueillant qu'attentionné, dotés de surcroît d'un matériel sophistiqué à la hauteur de ses attentes.

Une société en proie à la violence

Samedi, 4 août 2018

La violence contre soi ou la violence sociale tout court est presque toujours la conséquence d'une demande de parole ou d'écoute refusée. Cela explique le recours de certains jeunes algériens, ces dernières années, à l'immolation par le feu et au suicide pour exprimer leur mal-être.[70] Des phénomènes dangereux qui deviennent leurs modes opératoires préférés face à la surdité des élites. Il est clair que ce n'est pas un prêt de l'A.N.S.E.J ou l'octroi d'un logement social qui va rendre à ces jeunes-là l'estime de soi, mais c'est l'ouverture du canal de la communication. Chose qui leur permettra de verbaliser, dans une totale liberté, leurs refoulés et leurs ressentiments. Tout individu possède un potentiel d'agressivité qui, lorsqu'il ne trouve pas d'issue normale s'accumule, puis s'explose.

Pour se libérer, l'individu risque de recourir au passage à l'acte violent. Cette agressivité pourrait aussi se retourner contre son soi propre, et c'est le suicide. « On ne se tue, écrit un jour André Malraux, que pour exister », c'est-à-dire moins pour se tuer que pour tuer la vie misérable qu'on mène. Une sorte de revanche symbolique sur la précarité matérielle, émotionnelle, existentielle. Comment ne pas voir là des symptômes, des signes d'alerte dans cette société, la nôtre, anxiogène,

---

[70]Depuis la mort par immolation de Mohamed Bouazizi, en Tunisie en décembre 2010, beaucoup de cas d'immolation ont été enregistrés dans les pays voisins, en particulier en Algérie, pour protester contre le chômage, la hogra et la malvie.

pathogène et surtout *«tabou-gène»* ? Une société qui n'a pas, de surcroît, apporté des réponses adéquates au défi de la modernité. La complexité de la situation de nos jeunes peut mener à la multiplication dans l'avenir d'actes de désespoir, à défaut de relais à même de combler ce *« communication gap »* avec la société et absorber leurs frustrations collectives. Celles-ci, si jamais condensées, seraient une onde de choc d'une violence incontrôlable.

Au regard des uns, une petite minorité bien sûr, l'espoir n'a qu'un seul nom : la résistance et l'engagement sur le terrain pour détrôner tous les rentiers véreux incrustés dans le ventre du Système. Pour les autres, touchés par l'expérience malheureuse du Venezuela, comme le pays est foutu et irrécupérable, il ne reste qu'à préparer sa valise et son passeport, le cœur gros, pour trouver un asile ou un gîte n'importe où avant qu'il ne soit tard. Dans un cas comme dans l'autre, l'Algérie n'est qu'un trou paumé où les petites batailles ridicules des rentiers, genre cour de récréation d'école primaire, se mènent au grand jour pour se partager le gâteau, sur le dos d'un peuple, en état de choc post-traumatique. Oui, je précise bien les mots : en choc post-traumatique !

Confusion intégrale

Lundi, 3 septembre 2018

Toujours dans l'incertitude, l'Algérie s'interroge, aujourd'hui, sur son devenir. La paranoïa générale est presque au stade de l'alerte.

Le tableau est gris et l'esprit des Algériens est obnubilé par des pensées anxieuses. Quel buvard peut absorber toutes ces *«décharges publiques»* de questions, de rumeurs et de ragots de trottoir ? Démocratie ou dictature ? Cinquième mandat ou non ? L'armée maîtresse du jeu politique ou non ? Lorsque la réalité est biaisée, on ne retient que du flou. C'est le daltonisme. Oui la maladie de l'Algérie actuelle s'appelle : daltonisme. Un trouble de vision et surtout de lucidité!

Nos yeux ne différencient pas entre le blanc et le noir, le vrai et le faux, l'utile et le futile. La quête de sens à nos actions devient un pur fantasme de frustrés. « Il y a plus faux que le faux, dit un jour l'écrivain français Paul Valéry, c'est le mélange du vrai et du faux.» Notre pays est un cas d'école en la matière. Mais où est la solution à notre malheur, mon Dieu ? L'Algérie avance-t-elle vraiment vers l'abîme ? Si ce n'était pas le cas, comment pourrait-on interpréter l'apparition d'une maladie moyenâgeuse,[71] dans les parages d'une capitale d'un pays, autrefois considéré comme la façade de tout un continent ? Est-il logique de normaliser un fait

[71] Pendant l'été 2018, le choléra, apparu dans certaines régions de l'Algérie, a occupé les unes des journaux dans un climat général marqué par l'incertitude et le flou.

pareil ? Et si l'Algérie dépend seulement financièrement des rentrées en devises du tourisme, comme ses voisins marocains et tunisiens ? Ce sera, inéluctablement, la pire des catastrophes qui engloutira ce qui reste d'espoir à la population. S'il y a un moyen des plus sûrs de lutter contre un fléau, une maladie ou un phénomène social dangereux, c'est bel et bien la bonne communication.

Or, rien de tel chez nous ! Combien de fois a-t-on entendu que des fermes et des plantations sont irriguées par les eaux usées ? Que des canalisations d'eau défectueuses desservent des cités urbaines entières ? Que des décharges de poubelles anarchiques sont installées à ciel ouvert, même au cœur de certaines villes du littoral ? Qu'a-t-on fait depuis ? Réponse : rien ! Certains habitants de l'une des communes les plus pauvres de la Kabylie se sont récemment plaints de l'absence d'une décharge de poubelle communale ! En vain ! Vous imaginez un peu le problème ? Malgré les efforts du maire, aucune solution n'a été trouvée, faute d'un terrain d'assiette. Et toute la commune étouffe, à son corps défendant, sous les odeurs nauséabondes de ses poubelles. Des problèmes de même nature se comptent par centaines dans cette Algérie qui ne sait plus sur quel pied danser.

La psychologie du harrag

25 septembre 2018

Si la psychologie du *«harrag»* (le clandestin), est complexe à analyser, c'est parce que la vie qu'il mène l'est aussi pareillement. Du matin au soir, la vie de nos jeunes est rythmée par les mêmes scènes d'incompréhension, d'injustice, de mépris, de violence, de bureaucratie. Partout où ils se tournent, les portes se referment, comme si on leur signifie que leur présence au pays n'est pas souhaitable, voire inutile. Même l'amour est cadenassé en Algérie puisque l'acte d'aimer est lui-même tabou et sujet à de mauvaises interprétations, surtout de la part des religieux. Construits avec hypocrisie, les clichés sociaux condamnent les jeunes à l'enfermement sur soi et au conformisme stérile.

Les jeunes s'interrogent : à quoi bon rester dans un pays qui les rejette, les méprise, les humilie ? À quoi bon perdre le temps à vouloir changer ce qui est, paraît-il, inchangeable ? À quoi ça sert de se fatiguer à aller, comme dans le conte de Don Quichotte, à contre-courant des moulins à vent ?

Un habitant de la Kabylie s'est récemment inquiété, du nombre incroyable d'étudiants qui demandent des visas pour fuir le pays, sans que cela ne soulève la moindre inquiétude des autorités.[72] « Nos villages, se

[72] À titre d'exemple, selon des statistiques officielles, en 2018, les ambassades des pays Schengen en Algérie ont rejeté 324 291 demandes

plaint-il anxieux, se vident de leurs jeunes et nos filles ne trouvent plus de maris, quelle calamité ! » D'ailleurs, le vocable, devenu à la mode en Algérie, de *«Al-harba t'selek »* (seule la fuite sauve), démontre que la société positive le négatif sur fond d'inertie et d'immobilisme. Cadavre sur un fauteuil roulant, la société se pose maintenant la question suivante : est-ce la société qui doit pousser l'individu au changement, ou est-ce le rôle exclusif de celui-ci de la changer ?

« C'est irrespirable ! », voilà la première réponse que m'a donnée un jeune étudiant à la fac d'Alger, sur la voie de départ à l'étranger, quand je l'ai interrogé sur ses impressions concernant l'Algérie d'aujourd'hui. Ce sentiment de dégoût, palpable dans les rues et les foyers, est la résultante des blocages successifs des voies d'écoute et de dialogue social. Mais pourquoi sommes-nous prêts à condamner les jeunes plutôt qu'à les écouter, les comprendre, les apaiser ? Les frustrations collectives, conséquence des freins et tabous sociaux, peuvent exploser et provoquer d'énormes dégâts, quand elles ne sont pas canalisées, étudiées et soignées à la base. Regardons bien ces phénomènes de kidnappings et de viols d'enfants, qui reviennent régulièrement sur le devant de la scène, et interrogeons-nous avec lucidité sur le pourquoi de l'échec de la société à entretenir des comportements sains, équilibrés et ouverts en son sein.[73] Un jeune, aussi voyou soit-il, ne choisira jamais

---

de visa, ce qui représente 45,5% de toutes les demandes formulées. cfhttps://statistics.schengenvisainfo.com/.

[73]Sur ce phénomène de kidnapping d'enfants, qui la plupart des fois, sont torturés, violés, avant d'être tués, beaucoup de voix, dopées par le dogmatisme religieux, appellent à l'application de la peine de mort, en

de se jeter dans les bras de la délinquance et du crime s'il trouve devant lui une famille équilibrée, une société compréhensive et ouverte, un pays qui lui donne des chances réelles d'insertion dans le tissu professionnel.

oubliant d'aller au fond du problème, dans une société fermée et « tabouisée ».

La faute est à qui ?

22 novembre 2018

Généralement au mot « faute » sont associés plusieurs sens. D'abord, celui du manque, d'absence : faute de, se faire faute de, sans faute. Il y a aussi celui d'imperfection ou bien de manquement à un devoir quelconque, d'entorse aux règles, parfois dû à l'absence de savoir et de vigilance : faute d'orthographe, de goût, de sensibilité, de calcul, de frappe, d'inattention. Plus largement et par extension, d'aucuns l'associent à la notion de responsabilité : par la faute de, la faute en est à, c'est la faute de...

Les Algériens excellent fort dans les détournements de responsabilité sur le dos des autres : la faute est à la fois à personne et à tous, terrible ! Si vous faites, par exemple, des reproches à un jeune qui jette ses ordures en pleine rue, sans aucun respect ni pour l'écologie ni pour son entourage, encore moins pour les gens de sa ville, il vous répondra sans aucun doute en protestant : « C'est la faute du maire parce qu'il n'a pas mis en place une décharge publique ! » Et si vous refaites dans une démarche pédagogique le même reproche au maire lui-même, il vous répliquera : « C'est la faute du citoyen qui manque de civisme et ne fait plus aucun effort pour l'hygiène publique dans sa ville ».

En Algérie, chacun rejette sa faute sur l'autre, se faisant passer à la fois pour la victime et l'arbitre des agissements de l'autre. Ce phénomène renvoie à l'anarchie qui subsiste dans les consciences des

Algériens, quant aux contours des notions du droit et du devoir.

Imaginons maintenant un village dans l'Algérie profonde qui souffre de divers problèmes, mais où, analphabète, la majorité des habitants vote souvent pour des incompétents et des corrompus comme gérants de la cité. La faute est à qui ? À ces citoyens qui ne savent pas qui choisir, faute d'études et de connaissance, ou à leurs élites qui pensent davantage à leurs privilèges qu'aux intérêts de leur village ? Pas besoin de chercher loin pour trouver la réponse : la faute est à tout le monde ! Oui tout le monde ! Car, le devoir des élites est, dans l'ordre normal des choses, de faire comprendre à ces citoyens-là que leur choix est faux et de les aider à s'améliorer pour mieux comprendre leurs droits et d'agir avec efficacité.

Parallèlement, le devoir de la population étant de se débrouiller avec tous les moyens possibles pour sortir du sous-développement. Celui-ci ne sera jamais une fatalité, si tout un chacun commence à se dire en toute honnêteté : « La faute est à moi qui n'ai pas agi, qui n'ai pas fait d'efforts, qui n'ai pas accompli mon devoir citoyen envers les autres, la communauté, le pays ».

Y en a marre

4 décembre 2018

Bouleversé par la tragédie des derniers harraga morts noyés, au large des côtes d'Oran, après que leur embarcation de fortune ait pris feu, un Oranais installé en hexagone aurait posté récemment un message émouvant sur les réseaux sociaux où, montrant quelques images de ses amis de quartier perdus lors de ce drame, il écrit ce qui suit : « Je suis triste pour moi-même, je suis triste pour mon quartier, je suis triste pour Oran, je suis triste pour notre jeunesse, je suis triste pour toute l'Algérie, je suis en deuil pour les miens ! » Plus loin, il poursuit son texte en s'interrogeant : « Que faire mon Dieu pour ensemencer les graines de l'espoir dans le cœur de nos jeunes et les rattacher à leur pays ? Que faire pour leur rendre l'envie de vivre chez eux, de croire en eux-mêmes et en leur destin ? Que faire pour sauver cette Algérie irrécupérable ?

On comprend vite que, chez nous, la loi de *«Tag âla m'en tag »*[74] a pris le dessus sur toute moralité, que la détresse citoyenne a atteint son paroxysme, que les autorités sont dépassées par l'ampleur de la crise.

Le Parlement de la jeunesse, c'est désormais la rue et les réseaux sociaux, ces plateformes d'expression des frustrations collectives, pour reprendre le mot d'un célèbre chroniqueur. Le seul lieu où l'on peut donner libre cours à ses dégoûts et à ses râles alors que le

---

[74] La loi de la jungle.

Parlement officiel n'est qu'une chambre d'enregistrement des doléances de nantis. Rien ne va pour nos jeunes dans ce bled : pas d'amour, pas d'argent, pas de boulot, pas de perspectives, pas de regard à la mer puisque, de l'autre rive de la Méditerranée, les portes se ferment de plus en plus devant eux, au pire les requins, au mieux les centres de rétention et un retour à la case départ. La locomotive a sifflé, le train est parti et eux sont restés seuls sur le quai, supportant mal le poids écrasant des tabous, la pression de familles parasitaires, la médisance des proches et des voisins, le célibat et l'hypocrisie religieuse, l'islamisme et ses métastases cancérigènes, les aberrations de la machine administrative, les images déprimantes d'un président mourant sur un fauteuil roulant !

Punaise ! Nos jeunes n'ont d'autre solution que de mentir, ruser avec la société pour vivre. Vivre, avec majuscule, est devenu un gros mot dans mon pays, au point que les habitants de quartiers populaires d'Alger ont inventé ce néologisme-pléonasme : *«aiche la vie ! » (littéralement vis ta vie)*, pour décrire le train de vie sulfureux des grands profiteurs des caisses de l'Etat, *« s'hab shekara »*, pour les nommer, qui n'ont cure que de leurs fortunes et de leurs rapines : pas d'éthique, pas de savoir-vivre, pas de valeurs, aucun patriotisme, rien ! Comme si vivre est un luxe dans un pays où le seul secteur de tourisme, s'il est bien géré et exploité, peut faire vivre le double de la population actuelle, avec de surcroît un minimum de confort.

Chroniques 2019

L'Algérie sans perspectives

Lundi, 7 février 2019

L'Algérie est face à un dilemme : soit continuer sur le rythme du plan de planche à billets[75] et encaisser les coups à moyen terme, faute de stratégies industrielle et agricole pour sortir du bourbier de la dépendance économique, soit recourir à l'endettement extérieur, et c'est la catastrophe.

Voulant « préserver la souveraineté nationale », sans se donner les moyens qu'il en faut, le Premier ministre Ahmed Ouyahia qui a opté pour la planche à billets n'a pas de quoi se targuer aujourd'hui, lorsqu'on sait que le taux d'inflation est, à la fin de l'année 2018, de l'ordre de 6.5% (à peu près le même niveau que la Tunisie). Si la stratégie de ce dernier a porté ses fruits, vu que la croissance est passée de 1.4% en 2017 à 2.5% en 2018, l'embellie n'en reste pas moins de courte durée. La Banque mondiale aurait signalé, dans son dernier rapport annuel sur l'Algérie, que celle-ci devrait accuser un recul économique dans les années à venir.[76] Ainsi, le chômage augmentera à 17.8% au cours de 2019 après qu'il était de 17.2% en 2017. Si notre économie rentière résiste encore, c'est surtout grâce à l'augmentation relative des revenus pétroliers qui génèrent plus de 70% des recettes fiscales de l'Etat et contribuent pour la

---

[75]Entre mai et août 2018, environ 3.600 milliards de dinars [25 milliards d'euros] sont imprimés dans le cadre du financement non-conventionnel [planche à billets], sans que rien ne semble avoir vraiment changé.

[76] Voir le rapport de la Banque mondiale sur l'Algérie d'octobre 2018.https://www.banquemondiale.org/fr/country/algeria/publication/economic-outlook-october-2018.

moitié du PIB (en effet, les prix du pétrole sont passés de 53 à 68 dollars pour le baril en un an). Cela aura permis, entre-temps, au régime en place de jouer sur une petite marge de manœuvre, en freinant son accélérateur sur la loi de l'austérité pour contenter un front populaire en ébullition.

Le F.M.I qui préconise de profondes réformes structurelles : la maîtrise des dépenses publiques, la réduction des factures astronomiques des importations, la suppression progressive des subventions généralisées qui coûtent environ 14 mds aux caisses de l'Etat, peine à être écouté du côté d'Alger. Contre toute attente, sans doute en perspective des échéances électorales d'avril prochain où Bouteflika est fortement pressenti candidat de *l'Establishment* pour un cinquième mandat consécutif, l'exécutif a même lâché du lest concernant les mesures d'austérité, pourtant prévues dans la loi de finances 2018. À cet effet, il a acté une augmentation de 7.9% des dépenses sociales. Le texte de loi prévoit un coup de pouce pour les transferts sociaux. Les recettes complémentaires doivent provenir d'une hausse modérée de la fiscalité des entreprises, et surtout de la taxation de l'industrie pétrolière, ce qui n'encourage pas du tout l'investissement et la relance de l'emploi pour la jeunesse. En plus, dans le même projet de loi 2018, l'Etat a reporté l'agenda de la politique de la diversification économique, promise à plusieurs reprises. Le pays s'apprête, de l'avis de nombre d'observateurs, à une transition politique difficile au printemps prochain.

La question qui se pose et qui revient avec insistance pour nombre d'Algériens est la suivante : le régime est-il vraiment en panne d'hommes, pour glisser dans l'option, jusque-là aléatoire, du cinquième mandat ? A-t-il *«un plan B»*, au cas où ça tourne mal ? Au point où sont arrivées les choses, il est quasiment impossible de tracer une feuille de route sérieuse, même pour les six mois prochains. Ce qui laisse de grands espaces d'interrogation en pointillés.

Statu quo et fuite en avant

Samedi, 14 février 2019

Nous voici donc à deux mois de l'élection du président de la République. Un événement majeur dans la vie d'une nation. Pouvons-nous ne pas en parler ? Difficile ! Que la chronique résiste au poids écrasant d'une actualité en berne ne veut aucunement dire qu'elle puisse ignorer son existence, surtout quand elle devient, comme c'est le cas ces dernières semaines, extrêmement frénétique.

En Algérie, un pays à la dérive dont on ne voit pas que l'avenir puisse être radieux, l'impact négatif de la peur du chaos est particulièrement violent. Ce qui élargit l'horizon de la déprime sociale, déjà palpable sur les visages des Algériens, dans les foyers, les cafés, les rues. Puis, le grand parti algérien, je veux dire le boycott, fera le reste. On est en présence du syndrome de l'Algérien *«fatalo-phobie-boycottiste»*, lequel projette en avant une sorte de citoyenneté boiteuse face au phénomène de la dépravation rentière d'un système aussi clanique que prébendier. Un système qui, pour rappel, va si mal, à l'heure actuelle, mais dont les ondes négatives asphyxient par ricochet, tout le corps social. En effet, la politique n'est plus perçue en Algérie comme « une action collective organisée pour le bien-être de tous », mais comme l'a décrite l'évêque Saint Augustin, il y a déjà plus de quinze siècles : « le brigandage des biens de tous au profit d'un cercle fermé ».

Ce contraste a engendré de la méfiance, aussi bien dans la société qu'au sein des élites qui lui servent de tutelle. L'indice probant de cette négativité, c'est le rejet massif, mais non encadré de la rue de tout ce qui vient d'en haut, bon ou mauvais fût-il. Le face-à-face « pouvoir-société », en s'éclipsant sur le terrain des urnes, devient un duel acharné dans l'arène sociale. La métaphore est très forte : l'Algérie s'est comme transformée en un ring de catcheurs, stimulés par les dividendes du pétrole-roi ! Et c'est l'émeute, l'un des aspects typiques de la culture du Maghreb central (l'Algérie), d'après l'historien Ibn Khaldoun [77], qui devient aujourd'hui le baromètre par le biais duquel on mesure le degré de la stabilité.[78]

---

[77]Ibn Khaldoun, *Histoire des Berbères et des dynasties musulmanes de l'Afrique septentrionale*, trad de Slane, P ; Geuthner, Paris, 1982.

[78]Plus anecdotique, mais non moins sérieux, l'écrivain Kamel Daoud avait proposé, en 2005, dans Le Quotidien d'Oran, d'élire « l'émeutier » comme homme de l'année, alors qu'en 2004 le « Harrag » avait reçu ses faveurs. En 2010, Saïd Saadi, le leader du Rassemblement pour la Culture et la Démocratie [RCD], parle d'environ 9 700 émeutes et un éditorialiste de la presse écrite de 100 000 opérations de maintien de l'ordre.

La fin du mythe du cinquième mandat

Mardi, 27 février 2019

Outre que la démonstration de force du 22 février dernier et d'hier avec les manifestations des étudiants contre le cinquième mandat ont chamboulé de fond en comble les calculs des décideurs, elles les ont mis dans une position fragile par rapport à la communauté internationale. Pour preuve, les récentes déclarations du secrétaire général du FLN, à Oran,[79] dénotent plutôt de sa crainte de la rue que d'une quelconque stratégie communicative pour sortir de l'impasse. Le pouvoir est dans une phase critique et l'option de la continuité, retenue jusque-là comme argument face au chaos, est battue en brèche par le peuple. Comment nos élites vont-elles contourner la voix de milliers d'Algériens, qui, sans doute, sortiront encore manifester en force leur mécontentement dans les semaines prochaines ? Voilà le dilemme et il n'est pas des moindres. La candidature de Bouteflika fait aujourd'hui l'unanimité contre elle et le maintenir président contre vents et marées fait craindre un embrasement généralisé sur fond de contestation.

Où est l'issue ? C'est le labyrinthe pour Ouyahia et son équipe alors que le printemps algérien qui s'annonce est tout sauf violent. La mobilisation exemplaire de la jeunesse contre cette *«Dhoulocratie »* (la gouvernance par

---

[79] S'exprimant lors d'un rassemblement des militants de son parti, organisé le 23 février 2019 à l'hôtel le Méridien à Oran, Mouad Bouchareb a tenu des propos qui frisent l'hallucination. *« Dieu a envoyé le président Bouteflika en 1999 pour réformer la nation ! »*

l'humiliation), pour emprunter un mot cher au sociologue Mehdi Elmandjra, nous renseigne sur deux choses essentielles : la première, c'est que la rue algérienne est consciente des enjeux qui l'attendent, dans la mesure où elle a capitalisé les leçons des échecs des pays voisins (l'Egypte et la Libye en particulier) à voir émerger la démocratie, par leur recours à la violence. Nos jeunes ont compris, après tant de recul, que la violence n'engendra à terme que de la violence en retour. Ce qui fera le jeu des partisans du cinquième mandat qui les accuseront, dès que l'occasion s'en sera présentée, de *«semeurs de la Fitna»*[80]. La rhétorique populiste du FLN accrédite, d'ailleurs, cette thèse et un *«modus operandi»* digne des autocraties du type stalinien.

La deuxième leçon, c'est que la jeunesse a refusé toute tutelle d'où qu'elle puisse venir : des partis, de syndicats, de la société civile, des personnalités nationales. Cela lui a donné l'avantage de mieux transmettre son message de rejet du Système aux concernés, c'est-à-dire à ceux qui s'entêtent à lui enlever son statut d'acteur politique et social à part entière. Enfin, une question se pose, toutefois, avec acuité : la rue algérienne peut-elle résister, le plus longtemps possible, à la propagande progouvernementale, sans qu'elle ne tombe dans les dérives de la violence ?

---

[80] La discorde.

La chute du système

Lundi, 11 mars 2019

Le peuple a dit son dernier mot, le 8 mars dernier, et il devrait être entendu. L'urgence de la situation implique une prise de décision positive, en phase avec les aspirations populaires. Maintenant que l'histoire du cinquième mandat est enterrée, il convient de regarder résolument vers l'avenir et de détacher l'Algérie *ad vitam æternam* du système véreux qui l'a mise à terre et rendue la risée du monde entier.

Le système, ce n'est pas que Bouteflika ! C'est tout cet *Establishment* aux contours mal définis qui gérait par procuration le pays depuis l'indépendance, se nourrissant des divisions du peuple, de l'assentiment obséquieux de clans satellitaires voraces et de la bénédiction tacite des puissances occidentales.

Ce sont toutes ces écuries d'Augias qu'il faudrait nettoyer dans les années qui viennent. Pour ce faire, il est nécessaire de voir une restructuration profonde de toute la société se mettre en place, s'appuyant sur les apports fructueux des compétences intérieures et celles de la diaspora. Les jeunes Algériens devraient être le fer de lance dans cette opération et l'acteur principal pendant toutes les phases de la construction démocratique en cours. L'idéal de la démocratie, quoique, pouvant probablement s'étaler sur un long chemin, sera avec la convergence des luttes et des initiatives, facile à atteindre. Ceux d'en bas ont prouvé leur maturité et leur civisme et il ne reste à ceux d'en-haut qu'à prendre leur responsabilité devant l'histoire. L'armée est la première des concernées et son silence sur l'abus d'autorité du clan gouvernant sera dorénavant mal interprété. Il est temps de mettre le holà aux tours de passe-passe, aux magouilles et aux pratiques clientélistes, prébendières et corrompues qui ne sont pas dans l'intérêt suprême de la nation.

Le retrait de la candidature de Bouteflika sera, à n'en point douter, le prix de ce sacrifice et il faut se féliciter que le peuple ait exprimé son rejet, dans le plus grand calme, et avec civisme et vigilance. Le soleil algérien a brillé durant ces dernières trois semaines de manière éclatante. Il a montré au grand public la lâcheté de tous les fatalistes qui n'ont jamais cru un jour en un sursaut algérien. Note complète à toutes ces marques de solidarité, à cette organisation impeccable, à ces signes de liesse dans un pays que d'aucuns, d'ici ou d'ailleurs, ont pourtant cru à terre, incapable de joie ou de mobilisation. Le changement, c'est maintenant !

Entre guignols et girouettes

Samedi, 23 mars 2019

L'Algérie est, aujourd'hui, à un virage important de son histoire. Les Algériens ont décidé de prendre leur destin en main et il est illogique que cette situation de pourrissement, où une pseudo-tutelle composée de forces anticonstitutionnelles[81], continue d'imposer son diktat, sur eux, et de gérer le pays à l'aveuglette.

Cela dit, tous ces changements d'attitude incompréhensibles vis-à-vis du Hirak, que ce soit au sein de la direction du FLN ou chez les partis de l'alliance présidentielle, illustrent une volte-face tactique des cercles du régime pour se repositionner dans le jeu politique de la période de la transition, à laquelle s'apprête l'Algérie. En même temps, ayant compris que l'époque Bouteflika est révolue, ces cercles-là tentent une rare opération de toilettage pour mieux tromper le peuple sur leurs intentions. Leur objectif numéro n°1, est de parasiter ce ralliement de la rue, autour du même mot d'ordre : *« système dégage ! »*. Sauver le système ou ce qu'il en reste, pour ne jamais rendre les clés de la maison, telle est la mission des affidés du régime qui, il y a quelques semaines seulement, pérorent comme des guignols que le cinquième mandat est une garantie pour la stabilité de l'Algérie.

---

[81] L'expression fut utilisée par l'ex-chef de l'Etat-Major lui-même pour qualifier ceux qui ont instrumentalisé la candidature de Bouteflika au cinquième mandat.

En gros, ils veulent que tout change pour que tout reste en place. Mais comment ? Leur logique est toute simple : jouer sur le facteur temps pour que le mouvement s'essouffle, en accordant des petites concessions à la rue, à chaque vendredi de mobilisation, via des lettres « *prétendument*» rédigées par Bouteflika.[82]

Puis, sacrifier s'il le faut des boucs-émissaires ou des «*fusibles*» appartenant au système, pour garder intact tout l'appareil de la prédation. Enfin, en intégrant le mouvement, ils essaieront, certainement, de dénaturer ses objectifs et sa finalité par des slogans autres que ceux portés par la majorité des manifestants. Il est fort probable que l'on débouchera dans les jours prochains sur une sorte de guerre psychologique qui, en plus des tournées diplomatiques du vice-Premier ministre Ramtane Lamamra pour les besoins de la cause (assurer les partenaires économiques internationaux sur la validité de leurs contrats, en contrepartie de leur silence sur la gestion calamiteuse de la crise), constituera un autre signe du mépris de la volonté populaire.[83]

En résumé, les officiels de l'autocratie bouteflikienne sont en train de prouver qu'ils font tout

---

[82]Une avalanche de lettres présidentielles destinées au peuple étaient lues à la télévision officielle entre le début des manifestations et la démission forcée de l'ex-président.

[83]Diplomate de carrière et ex-ministre des affaires étrangères entre 2013 et 2017, Ramtane Lamamra a été désigné par décret présidentiel, le 11 mars 2019, en tant que vice-Premier ministre pour pallier les carences communicationnelles, surtout à l'international, du gouvernement Noureddine Bedoui. Celui-ci a, pour rappel, remplacé Ahmed Ouyahia en mars 2019, sous la pression de la rue. Quant au diplomate Lakhdar Brahimi, il s'est chargé, à titre individuel, mais sans succès, du front intérieur.

contre leur peuple, contre l'alternative démocratique, contre le passage du flambeau à la jeunesse, contre le développement de l'Algérie. Cela est d'autant plus dangereux pour le pays que notre situation économique, très critique, est drôlement passée à la trappe !

Le peuple ne lâchera pas

Mardi, 26 mars 2019

Face à l'entêtement des rentiers à maintenir leurs postes et leurs privilèges, la rue a opposé la mobilisation, son unique arme pour éviter les divisions, les dérapages et les récupérations.

L'acte V de la protesta a été caractérisé par le retour des mêmes slogans hostiles à la nomenklatura, comme lors de la dernière fois, avec un focus particulier sur le départ complet et définitif du système. La jeunesse algérienne en a marre des «*s'hab* chekara» qui ont pris d'assaut les appareils de l'Etat jusqu'à en avoir fait, pour beaucoup d'entre eux, une propriété privée. Le rejet du peuple des dernières propositions de Bouteflika pour parrainer le changement du régime, exacerbé par l'autisme officiel, aurait provoqué la radicalisation des revendications de la base.[84]

Tous ceux qui ont participé, d'une manière ou d'une autre, à la gestion des affaires de l'Etat sont désormais mal vus par la rue et priés de prendre leur retraite dans les plus brefs délais. Le verdict semble sans appel et les réseaux sociaux, baromètre des tendances de l'opinion, attestent chaque jour du fossé grandissant qui sépare ceux qui décident de la vox populi, essentiellement composée de jeunes.

---

[84] Le 11 mars 2019, Bouteflika, après avoir annoncé le report des présidentielles prévues pour le 18 avril suivant et le retrait de sa candidature, aurait proposé une période de transition d'un an, parrainée par lui.

On assiste à une dissidence citoyenne inédite dans l'histoire algérienne, sur les ruines d'un pouvoir agonisant et d'une opposition déstructurée. La cassure est visible au regard de tout ce beau monde farceur (pouvoir et opposition comprise), qui s'efforce de parrainer le Hirak, en prenant les millions de jeunes descendus dans la rue pour des mineurs politiques !

Gagnées par la fraude, toutes les élections passées, ayant connu du reste de très hauts taux d'abstention, ont permis à *l'Establishment* de construire une fausse vitrine démocratique, sans qu'elles ne lui donnent une assise de légitimité solide pour le long terme. La fragilité institutionnelle frappe même la présidence de la République que la majorité des Algériens soupçonnent de servir de relais à des opportunistes de tout poil. Le retard pris dans la formation du gouvernement Bedoui met en évidence le problème crucial de légitimité dont souffre l'exécutif et ses difficultés à trouver des têtes crédibles dans cette circonstance délicate. Tous ces facteurs-là font en sorte, n'en déplaise à certains affidés du système, que le mouvement populaire suivra sa gronde dans les semaines prochaines avec, peut-être, un peu plus de détermination et de structuration.

Et maintenant ?

Jeudi, 28 mars 2019

Et voilà qu'Ahmed Gaïd Salah, le vice-ministre de la Défense, s'invite dans le débat public et appelle directement le Conseil constitutionnel, à partir de la 4e Région militaire, à la destitution de Bouteflika, en appliquant l'article 102 de la Constitution ! Eurêka ! Les militaires découvrent, enfin, que le pays est gouverné par un grand malade et qu'on est au bord du gouffre.

Bouteflika est désormais lâché par son plus fidèle soutien, dans une période très délicate, pour lui et son clan. Est-ce le retour en force en politique de l'armée, cette grande muette *«gardienne de la maison»,* après un règne présidentiel de vingt ans sans partage ?[85] Est-ce une manipulation de plus pour tromper le petit peuple et saboter son élan inédit pour la liberté ? Ou est-ce un préambule à la période de transition dont on ne connaît pas encore les contours ? De toute façon, le clan Bouteflika est politiquement déjà fini avant cette déclaration-là. Tous ses piliers sont tombés et les défections de ces derniers jours, que ce soit au FLN, les syndicats ou les partis-godillots qui tournent dans son orbite, l'ont achevé. En plus d'avoir donné à

---

[85]-« Djeich chaâb, khawa khawa! » [Armée peuple, frères, frères !] fut l'un des slogans des premières apparitions du Hirak. Cela s'est constaté surtout après l'arrestation-spectaculaire du frère du président déchu Saïd Bouteflika, et deux ex-généraux de renseignements en mai 2019, pour complot contre l'Etat et l'autorité de l'armée. Néanmoins, au fil du temps, le désenchantement d'une grande partie de la rue a mis en avant la sempiternelle devise *« Madaniya machi aâskaria! »*[Nous voulons un Etat civil et non pas militaire].

l'international une mauvaise image du fonctionnement de l'Etat, ce clan-là a détruit les institutions et les armoiries qui font de ce dernier une citadelle de droit et de souveraineté. Les Algériens, lassés par les tergiversations du Système à se réformer, ont décidé de battre le pavé et de faire entendre leurs voix, bravant la peur malgré tout l'arsenal répressif mis en place. Ni les allusions directes du régime au scénario syrien et au démembrement de l'Etat irakien, ni le fantôme du chaos n'ont pu les en dissuader. La perspective d'un changement radical enchante, aujourd'hui, tous les jeunes qui, pour beaucoup d'entre eux, n'ont connu que Bouteflika comme président. Le réveil générationnel s'est fait de manière spontanée alors qu'il aurait dû être encouragé et canalisé, dès le départ, comme sous d'autres cieux, par l'intelligentsia. Une chose étant sûre, en effet : avec le Hirak, l'époque du tutorat a laissé place à la fronde et à la révolte.

Le Grand Soir est à l'approche et, loin d'être une jacquerie ou une simple révolution du palais, la dissidence des opprimés ne tardera pas à atteindre tous les rentiers dans leurs terriers. L'Algérie vient d'enterrer toute une époque de son histoire et démontre, au monde entier, que l'espoir de la démocratie sera permis, dès lors que la conscience citoyenne est au rendez-vous

Le départ du système mais comment ?

Dimanche, 31 mars 2019

S'il est vrai que les actes de la protesta citoyenne ont, jusque-là, été caractérisés par le calme et la mobilisation constante, il n'en reste pas moins difficile pour les manifestants de garantir ce même rythme dans l'avenir pour différentes raisons. La première, c'est que le facteur temps va jouer, quoique disent les plus engagés dans le Hirak, sur l'épuisement du mouvement. La deuxième, c'est que, bien que le rejet du système dans son ensemble soit exprimé de façon claire dans les slogans pendant les manifestations, il n'en sort pas une idée cardinale pour la suite, des pistes sérieuses pour la période de la transition et les étapes à suivre pour le parachèvement de cet élan populaire pour la liberté et la démocratie. La peur du vide politique, si jamais ce départ-là du système n'est pas encadré méthodiquement, plane et planera toujours sur les esprits. La troisième, c'est que le pouvoir n'est pas dans une démarche coopérative avec la rue, mais il est en train de jouer son dernier joker : *«diviser pour régner »*. Ce qui ne facilite pas la tâche des Algériens.

C'est pourquoi la spontanéité du début de la mobilisation devrait laisser place à la structuration et à de nouvelles stratégies de lutte. Face aux tergiversations des décideurs à répondre aux vraies revendications de la rue, il devient nécessaire que les énergies à l'intérieur de ce Hirak se libèrent, se précisent et dégagent une feuille de route consensuelle pour tracer l'avenir de l'Algérie de demain. La mise en place de conseils citoyens démocratiques à large échelle, serait peut-être la première étape pour tâter le pouls de la population et établir une plate-forme de travail, en se servant bien sûr des réseaux sociaux pour y faire participer la diaspora.

Le peuple est la source de tout pouvoir, lit-on dans l'article 7 de la Constitution et ce peuple-là vient de manifester son rejet de ceux qui le gouvernent. Ne conviendrait-il pas d'appeler alors à l'application de cet article-là pour rendre justice à ceux d'en bas ? Bref, nos jeunes ne veulent pas seulement le départ de Bouteflika, mais de tous ceux qui tournent autour : ces mêmes têtes qu'ils voient tout le temps valser dans les arcanes du pouvoir, à la télé, dans les médias, lui répéter depuis au moins vingt-cinq ans les mêmes discours !

L'exception algérienne

Mardi, 23 avril 2019

Le train de la révolte ne semble pas vouloir s'arrêter. La rue est devenue *«le foyer de l'histoire »*, pour reprendre un mot de Karl Marx.

Au fil des semaines, les Algériens s'organisent, se mobilisent et se structurent, même si le Hirak n'a pas encore dégagé des représentants officiels. De l'autre côté du spectre, l'exécutif, morne et discrédité, ne trouve pas avec qui prendre langue, se contentant de gérer le pays à huis clos. Sur les réseaux sociaux, des listes de personnalités pour prendre la tête de l'Algérie, pendant la période de la transition, sont déjà proposées par de nombreux internautes. L'Après-système est déjà acté. On y voit, côte à côte, des anciens militants politiques, des activistes, des blogueurs, des simples journalistes, des intellos, des célébrités. La démocratie de la jeunesse, c'est celle du clavier, de l'internet, du numérique et de la technologie, pas celle de la légitimité tirée des glorioles de l'histoire. Au milieu des vidéos, des tags et des caricatures, tournant en dérision les symboles de l'ancien système, taxés de « Génération Cachir »,[86]— *en référence à cette soirée à la Coupole Mohamed Boudiaf à Alger, où des rentiers venus en masse soutenir la candidature de Bouteflika, se bousculent pour s'arracher des morceaux de cachir*—, les jeunes exultent et narrent à leur manière le récit d'un peuple qui se libère des griffes des vieux

[86] Pour rappel, l'officialisation de la candidature de Bouteflika au cinquième mandat a eu lieu le 9 février 2019.

autocrates. Inoxydable et très ludique, leur humour a quelque chose de corrosif et d'original, en rupture avec les codes anciens, en usage chez nous. Somme toute, les jeunes de cette nouvelle génération, que d'aucuns ont cru nulle, répondent avec ironie à ceux qui leur ont tourné le dos et traité comme des moins que rien. Ce nouveau modus operandi instaure, à vrai dire, une nouvelle culture politique qui exclut la violence du champ sémantique. Ce qui sera utile dans les années à venir pour le redressement des rapports sociaux, à présent très tendus.

L'autre élément important, à mettre en évidence, c'est la participation massive des femmes dans les manifestations. Malgré quelques tentatives de mise en quarantaine misogynes et machistes de la part des islamo-intégristes, l'Algérienne s'est hissée au rôle-phare de dissidente contre un régime corrompu qui, quelque part, cultive une forme toxique du patriarcat traditionnel. Cette touche féminine est on ne peut plus déterminante pour l'avenir de cette Algérie, ayant longtemps négligé, ou plutôt sous-estimé l'apport de cette autre moitié à sa survie, en dépit des très valeureux sacrifices qu'elle aurait consentis auparavant pour elle.

Le New Deal

Jeudi, 25 avril 2019

Ce n'est pas en changeant un haut responsable décrié par la rue par un autre, comme si l'on est dans un jeu d'échecs, que l'on peut absorber la colère d'un peuple qui demande, pendant maintenant huit semaines consécutives, un vrai changement du régime de gouvernance.

Les élites du pays doivent comprendre que *« Yetnhaw gaâ »*, ce slogan-phare qu'on voit souvent sur les banderoles brandies par des millions de manifestants, est plus qu'un coup de gueule de circonstance. Il véhicule un message politique d'une rare lucidité, à décrypter et à acter rapidement : l'Algérie a besoin d'un nouveau souffle. Pour cela, celle-ci devrait se reconstruire sur de nouvelles bases, avec une nouvelle génération de dirigeants, une nouvelle stratégie, des nouvelles idées, des nouveaux visages.

Cela dit, les masses ne veulent pas seulement qu'on fasse tomber des têtes, en les substituant par d'autres, pour leur vendre l'illusion qu'on est en train de faire bouger les choses dans le bon sens, mais de démanteler tout un système de corruption au sein de la présidence, les ministères, le syndicat officiel, les universités, les consulats, les administrations et les compagnies publiques, tissé en réseaux informels de népotisme, de prédation et de passe-droit. Elles veulent que le pouvoir leur revienne de fait et de droit. Elles s'attachent surtout à l'idée que la transparence soit la règle n° 1 qui régisse les rapports entre les institutions de l'Etat et que les décideurs de l'ombre sortent enfin de leurs bunkers pour affronter la réalité du terrain et rendre les comptes de leur gestion au petit-peuple.

En un mot, c'est à une opération de refonte institutionnelle radicale que les Algériens aspirent. L'Algérie est, à l'heure présente, gravement malade et tous les secteurs sont infestés par la crise. Rien n'a été fait pour qu'elle guérisse et prenne le train du changement. Si le départ *in extremis* de Bouteflika, puis maintenant du président du Conseil constitutionnel[87], ouvre quelques nouveaux horizons pour le Hirak, il n'en demeure pas moins que la perspective de la répétition des mêmes vils scénarios, comme par le passé, pour pérenniser un système poussif, soit la crainte de tous. Reste la position de l'institution militaire qui est à un rendez-vous avec l'histoire, en tant que garante de la Constitution.

[87] Le 16 avril 2019, Tayeb Belaiz, une figure de proue du clan présidentiel dont la rue réclamait la tête depuis le départ a fini par jeter l'éponge.

Légalisme ou légitimisme ?

Mardi, 30 avril 2019

Il est impossible de continuer de tourner aussi longtemps le dos au peuple de cette manière. L'urgence d'un Etat de droit se fait sentir de plus en plus vivement à chaque vendredi de manifestation. Les millions d'Algériens qui descendent dans la rue sont en droit de savoir où va le navire algérien et quel sera l'avenir du Hirak. Ils ne demandent pas un simulacre de justice se limitant à des purges commandées et téléguidées à partir des Tagarins,[88] contre la périphérie des centres réels de décision, dans une sorte d'inquisition sélective dont ils ignorent la nature et la portée, mais une vraie démocratie qui les débarrassera vite des parrains d'un *«système hors-service»*.

Autrement dit, Gaïd Salah ne peut plus *« temporiser »* davantage en faisant semblant de ne pas avoir entendu le cri de détresse de ses compatriotes et leur aspiration légitime à la démocratie. S'il continue de s'y prendre avec la crise de la sorte, il s'enfermera dans un déni de la réalité qui jettera un froid chez les masses. Pour les Algériens, aucun recul en arrière n'est envisageable pour le moment. Le départ du système et de ses symboles est une priorité, voire une exigence scellée et non négociable, pour passer à l'étape d'assainissement des appareils de l'État et des milieux d'affaires corrompus. Ce départ est d'autant plus nécessaire que les forces anticonstitutionnelles, déjà

---

[88] Siège du Ministère de la défense, sur les hauteurs d'Alger.

critiquées lors des multiples discours du chef de l'Etat-Major, sont toujours cachées dans l'ombre et bénéficient de surcroît de l'impunité, malgré leurs agissements douteux contre la volonté populaire.

Le message de la rue peut se résumer aujourd'hui de la façon suivante : il faut frapper fort et juste. S'attaquer d'abord aux têtes les plus corrompues dans l'appareil de l'Etat, puis graduellement au reste, dans la clientèle du clan Bouteflika et dans le monde des affaires, tout en ouvrant la voie au Hirak, le seul représentant valable aux yeux de la population, pour assurer la période de la transition politique.

Si Gaïd Salah s'en tient au cadre constitutionnel pour gérer la crise, les Algériens dans leur majorité pensent que ceux qui chapeautent les institutions à l'heure présente, que ce soit le chef d'État, ou le gouvernement et ses membres, du reste résidus du système déchu, sont illégitimes, donc systématiquement rejetés et révocables.[89] En quelque sorte, l'institution militaire reste *«légaliste»* sans chercher la légitimité de ceux qui représentent la façade de ce légalisme, alors que le peuple préfère la voie *«légitimiste »*, tout en sortant du cadre légal tracé par les contours de la Constitution actuelle. D'où la complexité de trouver une solution médiane, qui puisse satisfaire les uns et les autres, sans trop piétiner les lois et les règlements du pays.

---

[89] Ce fut Abdelkader Bensalah, président du Sénat et cadre du RND [Rassemblement National Démocratique], parti de la coalition au pouvoir, qui a pris les rênes du pays par intérim depuis le 1 avril 2019.

Les replâtrages ne sont pas la solution à la crise

Samedi, 11 mai 2019

Dans les premières pages du roman de l'écrivain chilien Luis Sepúlveda *« Le vieux qui lisait des romans d'amour »*, le docteur Rubincondo Loachamín, fils illégitime d'un émigrant ibérique, accuse à haute voix et sans aucune crainte les gouvernements successifs de toute l'Amazonie, sa région natale, de tous les maux de la terre.

Sa colère monte à son paroxysme dès qu'il constate les dents pourries de ses patients. Pour les habitants des rives amazoniennes de Zamora, du Yacuambi et du Nangaritza, le fauteuil mobile du docteur était la seule institution valable dans le pays, qui puisse les délivrer de tous leurs maux, non seulement ceux de leurs dents, mais aussi ceux de leur vie quotidienne. Il y en a même, combien nombreux d'ailleurs, ceux qui, après avoir savouré les diatribes du chirurgien, lequel ne vient pourtant chez eux que deux fois par an, sont prêts à lui offrir leur bouche pour s'arracher sans anesthésie toutes leurs dents, les cariées, les moins cariées, les pourries et mêmes les saines, rien que pour satisfaire son vœu le plus cher : les voir cracher tous dans son bureau les débris de leur dentition et avoir la bouche nette de chicots, afin de pouvoir essayer, après s'être rincé avec l'aguardiente (une eau-de-vie spéciale à base de marc de rhizome), l'un des dentiers neufs, étalés sur un petit tapis violet, près de la table d'opération. Les dents pourries et les gouvernements pourris, c'est pratiquement la même chose pour ce médecin révolté :

pas besoin d'essayer des soins, des réparations, des plombages ou, moins encore, des coups de brosse inutiles avec la pâte de dentifrice, mais dès que les dents commencent à pourrir, entreprendre vite une seule thérapie : leur arrachage au grand complet, et bien entendu, leur remplacement par un dentier flambant neuf. Pour absurde et inconcevable qu'elle soit, la métaphore de ce dentiste mérite, malheureusement, toute sa place aujourd'hui en Algérie.

À quoi bon nous sert-il, par exemple, de sélectionner dans un cageot de tomates pourries, le cas de notre système actuel, les pièces qui sont encore comestibles et celles qui ne le sont pas, alors que l'avarie a touché la totalité de la marchandise ? Voilà le dilemme, et il n'est pas des moindres, pour l'Algérie, durant ce marathon de manifestations houleuses, où la voix de ceux d'en bas appelle avec toute sa force, ceux qui ont pris l'habitude de décider à huis clos de leur sort, à quitter carrément la maison, à laisser la place pour les compétences honnêtes pour la diriger, à passer le flambeau à la jeunesse! *« Yetnhaw gaâ »* est loin d'être un message naïf, les Algériens ont compris, comme notre cher docteur du roman, qu'ils ont affaire à tout un dentier pourri, qu'il faut vite remplacer.

Révolution du sourire ou du cactus ?

Samedi, 25 mai 2019

Depuis plusieurs semaines, les Algériens, toutes tranches d'âge confondues, défient pacifiquement le pouvoir au point que certaines télévisions étrangères font des scoops et des arrêts sur image sur cet incroyable sursaut citoyen dans un pays qu'elles ont cru frappé, pour de bon, d'immobilisme, voire de sénilité.

Banderoles géantes, peintures murales frondeuses, railleries collectives sous forme de pièces de théâtre où l'on met en scène certains officiels corrompus, menottés à l'intérieur de cages de fortune, blagues croustillantes sur les frasques et les lapsus impardonnables de ces derniers, caricatures sur fond d'humour noir, clips satiriques sur le Net, tous les moyens sont mis à contribution par la jeunesse pour exprimer sa colère. L'Algérie n'est pas *«vraiment»* en colère, expliquent d'aucuns avec enthousiasme, mais elle célèbre plutôt la fête de son union, où l'ambiance bon enfant a marqué de tout son panache les esprits. Ce qui déroge aux codes des révolutions classiques dont la couleur rouge-sang est l'unique paramètre de définition.

Il n'est pas rare, pour le reste, que l'on voie des repas organisés sur place par des manifestants volontaires, des bouteilles d'eau qui sont offertes aux marcheurs, des carrés d'hommes qui se forment pour protéger les vieux et les femmes d'agression, une campagne de nettoyage des lieux à la fin de chaque acte de protesta. À une question sur le secret du titre *« Les figuiers de Barbarie »*, choisi pour l'un de ses romans, l'écrivain Rachid Boudjedra aurait répondu avec spontanéité que cela reflétait exactement l'exception de l'esprit algérien, avec toute sa bonté, sa générosité, sa splendeur, surtout dans les moments de doute et de troubles, mais aussi ses épines. Oui, ses épines !

Le figuier de Barbarie est beau quand il fleurit, mais il pique dès que l'on essaie de le toucher ou de l'approcher. C'est là, peut-être, que se trouve toute la métaphore des marches de dignité de ces derniers mois contre le système. Calmes, déterminées, plutôt parfois drôles et baignées dans un bain de jouvence, elles sont aussi piquantes, dérangeantes, transgressives, pour ceux auxquels elles s'adressent, en premier lieu les hauts responsables du pays. Rayons d'un soleil blanc qui, à force d'être éclatant de lumière et de couleurs dans le ciel algérien, finit par aveugler les yeux de ceux qui n'y voient d'habitude que du noir.

Aujourd'hui, tourner la page et aller de l'avant semble être le refrain préféré de tous les Algériens qui déferlent par millions dans les rues. Ces derniers ont donné une inoubliable leçon de patriotisme à leurs élites qui, apparemment, vivent sur une autre planète et ne conçoivent pas que, si les foules battent le pavé chaque vendredi, c'est parce qu'elles les rejettent en bloc et ne veulent plus désormais voir leurs visages ni entendre leurs noms. Pas de violence ni d'actes de vandalisme constatés, c'est toute autre chose que la jeunesse a inventée : la révolution du sourire. Une révolution de fleurs et du printemps, une révolution de paix et de rupture, portée en bandoulière par des millions de femmes et d'hommes convaincu(e)s que cette Algérie tourmentée n'est ni un royaume ni une autocratie ni moins encore un califat, mais une démocratie sur fond vert-blanc, portée à bras le cœur par tous ses enfants sans exclusive.

Conclusion

Depuis le 22 février 2019, l'Algérie n'a jamais été autant vivante, autant en révolte, autant elle-même. Déterminé à aller à la rencontre de la démocratie, le peuple a poussé le régime à changer en profondeur, à nettoyer le pays de ce qui l'empêche de prospérer, d'avancer.

I-Naissance d'un roman populaire

Les Algériens ne s'étaient jamais heurtés, si pacifiquement, à un système de gérontocrates, construit en réseaux de prédation, qui les a toujours maintenus en otage, réprimés, bâillonnés, méprisés, humiliés, tirés vers le bas. Ils se sont réveillés pour écrire leur roman, en pleine nuit, une nuit noire, dans le silence absolu que seul le bruissement de *« one, two, three, vive à l'Algérie ! »*, vient troubler. Ils savent désormais qu'ils ne sont plus tout à fait eux-mêmes et ils en sont heureux. C'est pourquoi, ils ont décidé que cela se poursuivra jusqu'au matin, jusqu'à la clarté naissante du jour, quand les premiers piaillements des oiseaux de bon augure viendront se mêler à leurs chants d'espoir. L'espoir d'une Algérie nouvelle, dessinée sur l'épaisseur de leur roman en teintes vertes, blanches, rouges bleues, jaunes...

Les Algériens sont unis pour le changement, et c'est leur force. Ils se rassemblent partout avec civisme, crient leurs colères, crient leurs révoltes, leurs complaintes, leurs aspirations. Les youyous fusent, les mains se serrent, les rêves se rassemblent, le bout du tunnel se précise. Les enfants du pays se retrouvent enfin, après s'être oubliés toute la nuit, comme s'ils avaient été hors d'eux-mêmes et hors d'un monde qui les regarde avec sérieux, à la fois impatient et inquiet, mais fort fasciné.

Le cœur de la mère-patrie bat, de plus en plus fort, pour célébrer un printemps singulier, radieux, lumineux. Belle et rebelle, l'Algérie lance d'inépuisables échos d'espérance partout, à ses voisins du Maghreb, l'Afrique, l'Asie, l'Amérique latine, et le reste du monde. Des échos qui naissent, se prolongent dans un présent plein de promesses, portés par toutes ces voix, tous ces cris de jeunes qui ne rêvent que du pluralisme, qui n'ont qu'un seul but : renverser la dictature, réaliser la liberté et la justice sociale, éradiquer le fléau de la corruption, s'échanger des idées, partager, aimer et confronter leurs projets au sein d'un Etat de droit, respectueux des lois et des différences. Les Algériens rêvent de construire quelque chose de neuf, de solide sur lequel s'appuyer pour monter les marches d'escalier, vers le haut, vers l'apothéose, vers la démocratie. Si les jeunes multiplient, comme à l'infini, les manifestations et les appels au changement, faisant résonner une réjouissante clameur d'espoir, c'est pour dire qu'une nouvelle page de l'histoire devrait s'ouvrir.

II-Nécessité de rupture avec le passé

Bien qu'aguerris, les Algériens savent qu'il faut se délivrer, au plus vite, du défaitisme obsessionnel qui les a longtemps gagné, en rayant la mention *« impossible »* de la carte graphique de leurs cerveaux. Le dégoût, le désespoir et le fatalisme ne devraient guère s'installer, comme avant, dans leur esprit en obstacles à toute initiative pour le changement. Plutôt que de pleurnicher à longueur des années sur leur sort, les miens devraient prendre leur courage à deux mains pour agir au quotidien et manifester leur existence comme arbitre de l'action politique. Comme bien des gens de chez nous, je n'aurais jamais cru, ne serait-ce qu'un instant, que notre pays en arriverait à s'enfoncer aveuglément dans une situation dramatique où il n'y eut, à l'horizon, qu'une seule ligne sinueuse qui partait dans tous les sens vers la régression. Une faillite programmée qui a pris, au fil des décennies, l'apparence de la normalité avec un vieux malade en fauteuil roulant comme président et des discours soporifiques d'une poignée de rentiers qui s'exonèrent de leur responsabilité quant au pourrissement bureaucratique, la corruption, les guéguerres claniques au sommet, la misère de l'Algérie profonde.

Personne ne peut, en effet, saisir, dans leur totalité, les nombreux contrastes de l'Algérie. D'une part, un peuple jeune, simple, doux, fait pour être heureux, un pays vaste et magnifique destiné à être une puissance méditerranéenne et régionale de premier plan, un sous-sol généreux, riche en or noir et en matières premières. De l'autre, d'écrasantes inégalités qui creusent le fossé, déjà large, entre les pauvres et les privilégiés, un retard inacceptable sur les plans culturel, social, économique et politique, une gestion calamiteuse des deniers publics par une oligarchie vermoulue, minée par l'incompétence et la corruption, une bureaucratie étouffante ayant généré tant d'impasses économiques qui n'ont pas raison d'être, le favoritisme, l'arbitraire, les passe-droits, etc. À se demander si cette Algérie-là n'était pas frappée par une quelconque malédiction, ou si elle ne s'était pas fait injecter, malgré elle, de la morphine dans ses veines !

Qu'on ne s'y trompe pas, c'est à un véritable travail de sape que s'est évertué le clan Bouteflika durant ses vingt ans de règne. Coquilles vides, les institutions étaient devenues des jouets entre les mains d'un conglomérat de potentats sans scrupules, au point que l'argent de la collectivité se transporte, fait inédit dans l'histoire, dans les malles de voitures à l'intérieur de gros sacs noirs, ou est transféré illégalement en devises à l'étranger, direction *« paradis fiscaux »*. L'échec à jeter les bases d'un Etat démocratique n'eut d'égal que la mégalomanie du chef, prêt à toutes les combines pour mettre l'Algérie à genoux et s'accorder les hochements de têtes d'une piétaille de larbins serviles jusqu'à l'obséquiosité. Le clientélisme et ses corollaires, le régionalisme et le tribalisme, étaient promus au rang de vertu cardinale, sorte de vieux grimoires pour la gestion des hautes affaires dans le palais. Les coups fourrés pleuvaient sur tous ceux qui tentaient de se dresser, tant de l'intérieur que de l'extérieur, contre la volonté du roi. L'affaissement des poutres de ce réseau perfide n'avait pu se réaliser qu'après le désenchaînement de ce peuple dont on a voulu acheter la conscience par la rente. La corruption qui gangrène, actuellement, l'Algérie n'est que le fruit de la dépravation des hommes de ce clan-là. C'est une maladie convulsive et violente propagée à dessein, en amont comme en aval de l'Etat, pour ne laisser aucune chance au devoir de l'obéissance, lequel constitue le socle même de la démocratie, de surgir.

La situation de la majorité des Algériens, à la veille de la révolution du sourire, rappelle par bien des aspects, celle de ces citoyens perdus entre les dédales d'un labyrinthe, victimes d'une autocratie vieillissante qui leur a longtemps tourné le dos ? Il y a eu, comme nous l'avions vu dans les chroniques de cet ouvrage, un processus sauvage de *« dissocialisation-dépolitisation »* à l'encontre du peuple, ayant duré près de deux décennies, qui se ramenait dans le logiciel mental des élites gouvernantes au dilemme suivant : *« soit la soumission au système, ou la démocratie du chaos !»* Ce spectre de la peur a joué sur deux dimensions : la première, c'est celle de l'expérience démocratique avortée du début des années 1990 avec ses avatars, l'hydre islamiste ainsi que la guerre civile, et la deuxième, c'est l'échec cuisant des révolutions du Printemps Arabe, avec les poudrières syrienne, libyenne, yéménite et le tournant autoritaire en Egypte. Ce fut, d'ailleurs, le sens de l'avertissement que l'ex-Premier ministre, Ahmed Ouyahia, actuellement incarcéré pour corruption, aurait lancé le 28 février 2019, aux millions de manifestants depuis les tribunes de l'APN (l'Assemblée nationale), en leur présageant un avenir à la syrienne. « En Syrie, a-t-il déclaré, les citoyens ont aussi offert des roses aux policiers ! »

Or, imprévisible, la vague révolutionnaire algérienne, sans commune mesure avec toutes celles du passé récent du pays (en particulier les révoltes d'avril 1980 et d'octobre 1988), l'aurait rapidement balayé de la scène, lui et tout le clan au pouvoir. En colère, la jeunesse entendait nettoyer les écuries d'Augias et récupérer les clés de la maison, indûment saisies par « *el îssaba* ».[90] Toutefois, une question revient avec insistance sur toutes les bouches : Quelle est l'alternative idéale pour incarner les espoirs de la nation, dans un climat national et régional *« crisogène »* sur lequel pèsent tant d'incertitudes ? Les avis divergent entre ceux qui ont appelé à l'organisation d'une présidentielle, et les autres qui se sont efforcés de faire valoir le choix d'une Constituante [91] , après une période de transition politique. Enfin, l'élection controversée le 12 décembre 2019 d'Abdelmadjid Tebboune, l'ex-Premier ministre éphémère sous Bouteflika, [92] n'a pas eu, malgré le soutien solennel de l'Etat-major de l'armée, le satisfecit populaire espéré.

La tâche du nouveau locataire du palais d'El-Mouradia s'annonçait déjà difficile. Pour cause, l'état des lieux laisse à désirer : ceux qui étaient avant aux commandes ont détruit l'économie, formaté les esprits, sali l'image du politique et des opposants, déstabilisé les partis, les associations et les syndicats autonomes, la seule pépinière d'où peuvent germer des cadres et des militants intègres, en prise directe avec les

[90] En traduction littérale « Mafia ». Ce terme a été très vulgarisé durant les manifestations du Hirak.

[91]Les leaders historiques Hocine Aït Ahmed et Ferhat Abbas furent les premiers à appeler en 1962, à la mise en place d'une Constituante. Une revendication restée, depuis, lettre morte, malgré les appels incessants d'une large frange de la société civile au cours du Hirak de 2019.

[92] Pratiquement, Tebboune fut l'unique Premier ministre algérien à être limogé de son poste, au cours de l'année 2017, au bout « seulement » de trois mois d'exercice !

préoccupations de la rue. Cette relation du sommet avec la base de la pyramide sociale est plus que nécessaire pour construire les ponts du dialogue social et renouer avec le peuple. Le philosophe Voltaire ne disait-il pas que, pour s'élever, il faut d'abord descendre en soi ? Autrement dit, chercher à se connaître, à s'explorer et à se creuser pour mieux se projeter dans l'avenir. À ce titre, mépriser le génie populaire, condamner les talents et les journalistes, rejeter le débat contradictoire et la confrontation des idées, réprimer un peuple qui n'aspire qu'à la dignité et à la démocratie sont autant de pratiques à bannir du mode d'emploi de l'Algérie post-22 février 2019.

En somme, le pays est à un tournant décisif de son existence. Il n'a pas encore achevé aujourd'hui sa révolution, mais il est dans un processus révolutionnaire constant qui demande du temps, de l'énergie et d'énormes sacrifices. Un processus qui implique aussi de passer de l'étape de la spontanéité à celle de la structuration et de l'organisation du Hirak. C'est ce qu'on appelle dans le jargon sociologique *« l'âge adulte des révolutions »*. L'établissement d'une feuille de route consensuelle sur une période d'une année à deux (sorte de parenthèse transitionnelle chapeautée par une direction civile), est fortement préconisé, en pareil cas, pour *« rétablir »* le lien de confiance avec le peuple et l'amener, dans un avenir proche, à saisir l'occasion de cette démocratie en gestation pour l'adoption d'une Constituante. Les forces vives de la nation : syndicats, partis, comités de quartiers, associations, intellectuels, personnalités nationales, think-tanks tels que Nabni et Ibtykar, citoyennes et citoyens de tout bord formeront le socle de cette dynamique nouvelle de changement, par le bas, en vue d'une restructuration sûre, forte et pérenne en amont.[93]

III-L'enjeu économique : une garantie pour le décollage

En réalité, jusqu'à présent, le débat sur l'avenir économique du pays se réduit à des généralités et tout sombre dans des hypothèses. Comment penser alors, dans cette atmosphère-là, aux perspectives des années 2030-2040 par exemple? Bien que ce que l'Algérie affronte exige lucidité, vigilance et pragmatisme, les cafouillages au sommet donnent l'image d'un pays qui avance à tâtons, indéterminé, boiteux, sans boussole. Comme si des forces centrifuges invisibles concourent à le mettre à la traîne. L'Algérie aura tant à gagner si elle essaie de s'intégrer rapidement dans l'engrenage de l'économie internationale et de ne pas trop tourner en rond ni gaspiller du temps pour rien. Car, disons-le franchement et tout de suite, autant elle se concentre seulement sur les richesses de son sous-sol pour son développement (environ 95% de ses recettes en exportations), autant son adaptation au rythme de la croissance mondiale ressort presque de l'impossible. Les données, les chiffres, les statistiques et la conjoncture économique exceptionnelle qu'elle vit présentement

---

[93] « Nabni » [construisons] est un think-tank algérien, né en 2011, à l'initiative d'une poignée de jeunes scientifiques. L'autre think-tank « Ibtykar » [invention], a vu le jour en 2014. Son promoteur fut feu Samy Oussedik, un expert en économie. Quant à Mouwatana « citoyenneté », c'est un mouvement créé en 2018, comme prolongement logique du « mouvement Barakat » [ça suffit !], mobilisé en 2014, contre le quatrième mandat de Bouteflika.

suffisent pour la convaincre que les secteurs de l'industrie, l'agriculture, les services, le bâtiment, sont à la peine, sinon en naufrage.[94]

N'est-il pas grand temps de réviser notre stratégie « rentière » et de se résoudre au choix du pragmatisme économique? Dans cette perspective, il serait opportun d'aller dans le sillage de la Norvège dont on a parlée en haut ou des fameux Tigres asiatiques (Singapour, Malaisie, Thaïlande, Hong Kong, etc.), lesquels ont réussi en moins de trois décennies à émerger comme pôle économique concurrent du géant chinois, grâce à leur stratégie d'industrialisation et d'encouragement des investissements directs étrangers (IDE).[95] Cela ne se réalise pas, en ce qui nous concerne, par des programmes attrape-tout, peu lisibles, noyés dans la superficialité et surtout vidés de tout contenu

[94]Preuve de cette faiblesse, le secteur du bâtiment et des travaux publics, accuse en 2019-2020 d'énormes difficultés (gel des marchés publics, factures en souffrance, licenciements forcés), avec plus de 60% d'entreprises ayant cessé les activités à cause de la paralysie décisionnelle due à l'arrestation de responsables de banques, de patrons, d'oligarques proches de l'ancien régime, et puis au confinement suite à la Covid-19.

[95]La valeur des IDE en Algérie a enregistré, à 1.38 mds US, une légère baisse en 2019, après avoir été de l'ordre de 1.46 mds en 2018. Cette tendance baissière inquiétante suit malheureusement son cours aujourd'hui. Et pourtant, en juin 2020, la règle 49/51% qui oblige depuis 2009 tout investisseur étranger à accorder au moins 51% du capital à un partenaire privé algérien fut partiellement supprimée. Seuls quelques secteurs stratégiques tels que l'énergie, les hydrocarbures, les mines, les transports, les industries pharmaceutiques, y sont encore concernés.

économique sûr. Bref, c'est le moment ou jamais pour nos élites de compenser ce qui leur manque en maturité par des initiatives économiques concrètes, bien étudiées et courageuses. Lancer des start-up pour les jeunes avec l'obligation d'installer à l'avance des bureaux d'études et de consulting, surtout dans le secteur agricole, est une des pistes à privilégier pour venir à bout de cette sinistrose virale qui enfonce chaque jour davantage notre économie dans un trou noir.[96]

Par quelque bout qu'on la prenne, l'aspect économique est tributaire de la souplesse des mécanismes administratifs, de l'esprit inventif des responsables et de l'efficacité de la machine bureaucratique face aux menaces et aux soubresauts totalement incontrôlables du monde de la finance. Par les temps qui courent, la formation de l'élite est un enjeu crucial pour l'Algérie de demain. D'où l'urgence de mettre en réseau de connexion la politique, l'économie, la société, la culture et l'éducation de manière à accompagner et à soutenir le processus de démocratisation en cours. Sous d'autres cieux, on ne forme pas des cadres juste pour le plaisir de les former, mais pour qu'ils s'insèrent dans le corps sociétal, pour

---

[96]Une économiste italo-américaine appelle les dirigeants du monde à redécouvrir le rôle vertueux que peuvent jouer les pouvoirs publics dans le développement des start-up et des entreprises au niveau local. Toutes les avancées technologiques et les réalisations sociales de ces dernières décennies sont, d'après elle, le fait de l'intervention de l'État dans la gestion économique. Cf Mariana Mazzucato, *The entrepreneurial state : Debunking Public vs Private Sector*, Anthem Press, Cambridge, 2013.

qu'ils travaillent et s'engagent à servir la collectivité. Preuve en est que, les centres de recherches, maillon incontournable de la chaîne productive, sont en prise directe avec le monde de l'entreprise, la société civile, les médias, l'Etat. Ils font régulièrement des bilans et des études de perspective-prospective sociale —*chose presque inexistante chez nous*—pour mettre en place des plans stratégiques s'étalant sur des décennies. Ainsi, ils tracent la voie vers l'avenir, le progrès démocratique, le développement économique, et une certaine ingénierie sociétale (l'orientation, l'affectation, et la gestion rationnelle des ressources humaines). Celle-ci étant conçue comme le management moderne de la société du high-tech. Le changement, c'est toute cette synergie-là, mise au service de l'idéal démocratique. En d'autres mots, changer, c'est être optimiste, souple, pragmatique et en mesure de saisir aussi bien ses potentialités naturelles, économiques, touristiques que ses chances politiques réelles pour le décollage (société jeune et dynamique, situation géographique favorable, divers chantiers économiques, culturels et sociétaux à revaloriser).

Cette revalorisation du génie local est d'autant plus indispensable que mal-guérie des feux mal éteints des années de plomb, l'Algérie a vu son infrastructure de base quasiment détruite (plus de 20 mds de dollars de pertes, 150 mille de victimes, des milliers de disparus, des dettes jusqu'au cou, et la vie de toute une génération foutue, avec des traumatismes générationnels indélébiles). Remédier pour de vrai, et aussi avec fermeté et constance à toutes ces carences-là, source de notre malaise protéiforme (violence, Alzheimer identitaire, fanatisme religieux...), n'est point affaire d'appareil sécuritaire aussi fort et structuré soit-il, mais d'une pédagogie économique bien huilée (maintenir debout les infrastructures existantes), conjuguée à un ruissellement intrasocial et surtout culturel bien parrainé d'en haut : campagnes de sensibilisation à la citoyenneté, échanges culturels régionaux (voyages populaires), visites routinières entre écoles, lycées et universités, ouverture des voies du dialogue entre la société et les appareils de l'Etat.

En somme, le corps épuisé de la nation a besoin de sang neuf, d'une nouvelle élite managériale ambitieuse à la hauteur des attentes citoyennes, d'un nouveau système éducatif qui réponde aux canons d'un monde en constante évolution, d'institutions fiables, démocratiques et *« débureaucratisées »*, d'une armée forte et apolitique, d'une batterie de réformes exceptionnelles dans tous les secteurs où l'activité traîne.

En outre, la coopération maghrébine, africaine et euro-méditerranéenne devrait être au cœur des stratégies économiques de demain.[97] Si les contours de la crise nous sont devenus difficilement lisibles, c'est parce que quelque chose nous a échappé du sens de

[97] Force est de constater qu'en 2012 par exemple, l'esprit coopératif en chiffres entre les pays maghrébins n'a pas franchi 3.3% au moment où le marché commun de l'Amérique du Sud dépassait les 15% et l'Association des nations du Sud-Est les 26%. C'est peut-être à cause de cette réalité que Rachid El Houdaigui, professeur au sein du think-tank OCP (Policy-Center), basé à Rabat, aurait précisé que la célébration de l'anniversaire de l'union maghrébine s'apparente plutôt à un deuil qu'à une fête.

cette époque, la nôtre, très complexe. Il semble que notre intelligentsia ne sait guère quoi faire face à une mondialisation-laminoir ayant cassé toutes les frontières, avec comme effet corollaire : le néolibéralisme sauvage destructeur de l'immunité défensive des pays faibles[98], l'invasion culturelle des pays dominants, l'hégémonie de la doctrine des *« droits de l'hommisme »*, laquelle est parfois suivie de guerres dites humanitaires, la nécessité de promouvoir la diversité culturelle et linguistique, la consécration de la parité des sexes dans l'espace public, l'enjeu environnemental (le développement durable ainsi que la transition énergétique sont des conditions *sine qua non* pour l'avènement de la bonne gouvernance et de l'Etat de droit) et la métamorphose rapide des relations internationales. Autant de problématiques qui sont plus compliquées par rapport au passé, et qui nécessitent, de mon point de vue, des approches novatrices adéquates.

IV-Une Algérie démocratique : une ère nouvelle

La véritable révolution, c'est de transformer la nouvelle génération de jeunes en acteurs politiques de premier plan, et de laisser émerger une politique

---

[98] « Patria ou buitres » (la Patrie ou les vautours), crient, il y a quelques années, des milliers de manifestants dans les rues de Buenos Aires, pour discréditer des politiques ultralibérales sauvages. Au Mexique et dans les pays de l'Amérique centrale (Salvador, Paraguay, Colombie), l'Etat est mis au défi, faute d'action sociale pour réduire la pauvreté, par des groupes paramilitaires annexes, parfois en connivence avec des multinationales.

participative simple, pragmatique et plus féconde que le populisme de la dictature bouteflikienne qui a noyé l'Algérie dans la médiocrité. En clair, inventer la recette du changement, inventer librement l'avenir. Dans une chronique commise, il y a quelques années dans la presse, j'ai écrit ceci : *« L'Algérie doit inventer le changement* !» [99] . Et nous voilà, aujourd'hui, en route, quoiqu'à l'époque, je n'avais pas trop cru en un sursaut populaire salutaire assez rapide et d'une envergure pareille à celui que nous venons de vivre ces derniers mois, vu la démission morale collective aussi bien des gouvernants que des gouvernés. « *The Algerian Dream* » est à portée de main, c'est un essai de mise en garde contre tous les périls : la corruption, l'islamisme, le militarisme, les fameuses « *mains étrangères* » qui ont toujours servi d'alibi aux dictateurs pour rester au pouvoir, le chaos.

En dépit de la crise sanitaire du Coronavirus qui a obligé le Hirak à restreindre l'élan de son activisme et l'emprisonnement injustifié de quelques militants engagés,[100] la jeunesse garde dans l'esprit la ferveur des premiers temps de la mobilisation et son attachement à son idéal : la deuxième République. Une République égalitaire, entreprenante, fraternelle, solidaire où la

[99]Voir mon article« L'Algérie doit inventer le changement *»,Le Quotidien d'Oran,* 7 avril 2011.

[100] Malheureusement, la question des détenus d'opinion a défrayé la chronique peu avant et après l'élection de Tebboune. Le commandant Lakhdar Bourgaâ, l'activiste Karim Tabbou, le journaliste Khaled Drareni, Rachid Nekkaz, Ali Ghediri et bien d'autres ont séjourné en prison, rien que pour avoir exprimé librement leurs opinions dans les médias ou l'espace public.

politique sera faite, contrairement au passé, par la volonté populaire.

Une République qui contraindra tous les fatalismes à disparaître, une République qui enterrera, à jamais, la légitimité révolutionnaire, sous le poids de la légitimité du mérite, de la compétence et du travail. Que l'Algérie nouvelle accorde davantage d'attention aux syndicats autonomes, qu'elle écoute les doléances de ses journalistes, ses médecins, ses ingénieurs, ses écrivains, ses professeurs et qu'elle noue un solide contact avec eux. Les Algériens seront amenés à mieux se tendre la main les uns aux autres pour mieux se connaître, se familiariser et partager leurs vécus. Une thérapie, voire une catharsis au sourd refoulement qui les accablait depuis des décennies. Qu'ils prennent donc le taureau par les deux cornes et qu'ils fassent de leurs foyers, leurs villages, leurs villes, leurs rues, des fourmilières grouillantes de génie, de vitalité et du mouvement. Ce dialogue étant le seul susceptible, à mon sens, d'apaiser les tensions de la société et renforcer sa confiance en soi. Une maturation féconde qui fera comprendre aux miens ce qui fonctionne et ce qui ne fonctionne pas, ce qui donne des résultats et ce qui n'en donne pas, ce qui est rentable pour la société et ce qui ne l'est pas, ce qui menace la pays et ce qui peut le sauver, ce qui booste l'économie et ce qui la tire vers le bas, ce qui réjouit le peuple et ce qui l'accable.

Que le bateau algérien soit à présent difficile à manœuvrer n'implique pas, cependant, qu'il faille décourager, ou courber l'échine devant la fatalité. Mais cela ne signifie pas, non plus, qu'il faille d'une navigation à vue, synonyme d'amateurisme. Il est au contraire d'autant plus nécessaire pour les Algériens de définir un cap démocratique consensuel clair et s'y tenir. C'est cela, avant tout, la lucidité dans l'exercice de la démocratie.[101] Les démonstrations de bonne foi et les discours ne suffisent pas. Et si nos élites veulent vraiment le bien pour le pays, il leur faut s'engager aux côtés de la jeunesse et la mobiliser pour le changement, affronter les problèmes de cette *« Algérie nouvelle »* sans langue de bois ni demi-mesure. : « Chasse le diable de ton jardin, dit un proverbe turc, tu le retrouveras dans le jardin de ton fils. »

Autrement dit, si ces dernières tentent d'éviter ou de reporter *sine die*, comme elles avaient coutume de le faire jusque-là, la résolution de l'équation inextricable de la crise, elles la donneraient en héritage aux générations futures. Les ressorts de la force d'un pays sont la démocratie, la participation politique, la transparence dans la gestion, la confiance entre le peuple et ses élites, la solidité institutionnelle et l'alternance au pouvoir. Ou l'on tire profit de l'œuvre démocratisante, et de là même, de bien d'autres avantages, ou bien, si l'on s'en prive, faut-il que cela en vaille la peine ? Multidimensionnelle, la crise algérienne n'est pas fondamentalement politique ou économique, comme on tend à le croire, mais surtout culturelle, dans nos têtes !

---

[101] « El Hirak el Moubarak wa el-Acil» [Le Hirak béni et authentique], telle est la phrase magique lancée par A. Tebboune, le 16 février 2020, lors de sa rencontre avec les walis [préfets], pour tenter de ressouder sa relation avec le peuple.

Table

Structures éditoriales du groupe L'Harmattan

L'Harmattan Italie
Via degli Artisti, 15
10124 Torino
harmattan.italia@gmail.com

L'Harmattan Hongrie
Kossuth l. u. 14-16.
1053 Budapest
harmattan@harmattan.hu

L'Harmattan Sénégal
10 VDN en face Mermoz
BP 45034 Dakar-Fann
senharmattan@gmail.com

L'Harmattan Cameroun
TSINGA/FECAFOOT
BP 11486 Yaoundé
inkoukam@gmail.com

L'Harmattan Burkina Faso
Achille Somé – tengnule@hotmail.fr

L'Harmattan Guinée
Almamya, rue KA 028 OKB Agency
BP 3470 Conakry
harmattanguinee@yahoo.fr

L'Harmattan RDC
185, avenue Nyangwe
Commune de Lingwala – Kinshasa
matangilamusadila@yahoo.fr

L'Harmattan Congo
67, boulevard Denis-Sassou-N'Guesso
BP 2874 Brazzaville
harmattan.congo@yahoo.fr

L'Harmattan Mali
ACI 2000 - Immeuble Mgr Jean Marie Cisse
Bureau 10
BP 145 Bamako-Mali
mali@harmattan.fr

L'Harmattan Togo
Djidjole – Lomé
Maison Amela
face EPP BATOME
ddamela@aol.com

L'Harmattan Côte d'Ivoire
Résidence Karl – Cité des Arts
Abidjan-Cocody
03 BP 1588 Abidjan
espace_harmattan.ci@hotmail.fr

Nos librairies en France

Librairie internationale
16, rue des Écoles
75005 Paris
librairie.internationale@harmattan.fr
01 40 46 79 11
www.librairieharmattan.com

Librairie des savoirs
21, rue des Écoles
75005 Paris
librairie.sh@harmattan.fr
01 46 34 13 71
www.librairieharmattansh.com

Librairie Le Lucernaire
53, rue Notre-Dame-des-Champs
75006 Paris
librairie@lucernaire.fr
01 42 22 67 13

www.ingramcontent.com/pod-product-compliance
Lightning Source LLC
LaVergne TN
LVHW010928061026
849535LV00007B/2291
9782343225401